遊ばせ上手は
子育て
上手

はじめに

ボクの手づくりおもちゃは、娘に作ったおもちゃ『くるくるたこちゃん』にはじまるといっていい。

子どもが生まれる前のボクには「赤ちゃんの寝ているベッドの上で、カラフルなメロディーメリーがクルクル回っている……」、そんなイメージがあって、娘が生まれたとき、さっそく買いにいった。ところがメロディーメリーがあまりにも高価で手がでなかった。しかたなく折り紙を半分にして、間に合わせでプロペラを作った。それが『くるくるたこちゃん』だった。

天井からつり下げただけのおもちゃだったが、風が吹けば、クルクルと回るだけでなく前後左右にも動く。ちょうど目でものを追いはじめた娘は、動く『くるくるたこちゃん』を追いかけて体の向きまで変えようとするまでになった。

安くてお得感もあったから、娘が座るようになっても『たこちゃん』の改良したものを作って、コンビラックの先につけてやった。すると娘はそれをつかもうと、手を伸ばしてよく一人遊びをしてくれた。おかげで仕事をする時間ができ、ありがたいおもちゃだった。

そして、あるときからボクは、「これは発達を促すおもちゃだ」と思い込むようになった。そう、メロディーメリーが高価で買えなかったことなどすっかり忘れて、自分の作った「手づくりおもちゃ」に悦に入っていたのかもしれない。

ちょうどそのころ、知り合いの幼稚園の男性教諭が集まって勉強会をしていた。友だちとお酒を飲むという魅力に惹かれて参加していたボクだったが、ひょんなことからその集まりで出していた手刷りの機関紙に、「おまえも書け」ということになり、手づくりのおもちゃを紹介することになった。娘が喜んだおもちゃをコマまんが風に描いて、むずかしかったところにワンポイントのアドバイスをつけた作り方を紹介した。それがよかったらしく、保育関係の雑誌で連載することになった。

ボクは鳥取県の霊峰、大山《だいせん》の麓で生まれ育った。

たしか小学校の二、三年生のころのことだったと思う。父がボクと妹たちを呼び、「この田んぼをお前たちにまかせる」と言った。棚田の一番下にある、その一メートル四方ほどの小さなスペースは、それまで母が数分で田植えを終えていたところだが、ボクたちは、一株一株「いいお米がとれるますように」と祈りながら田植えをした。草取りもした。そして、夜は水の見回りをする父について田んぼにいき、たっぷりと水を飲ませてやった。その結果、秋の収穫期には黄金色の稲穂が実り、意気揚々と稲刈りをしたものだ。その年の米は格別うまかったということは、いまでも記憶に残っている。

このときの経験が、ものを作りあげることの喜びを教えてくれたように思っている。いまボクが、手づくり絵本やおもちゃを作ってほしくて、お母さんや子どもたちのところに講師として出かけていくのは、こうしたボクの少年時代が原点になっているのかもしれない。あらためて故郷に感謝、感謝である。

いま世の中は便利になって、絵本もおもちゃもたくさんある。そのためか、もののなかったころのボクたちと違って、ものに対する愛着や好奇心がなくなったように思う。もしかすると作る喜びや楽しむことを知らないのかもしれない。『手づくりおもちゃ研究家』などという肩書きをいただき、講師に呼んでいただくようになったいま、子どもたちにたくさん遊んでほしいという思いから、学校でも児童館でも幼稚園でも保育園でも、どこにでも出かけていくようにしている。

そして、教えるつもりで出かけていったボクは、いつも子どもたちからたくさんのことを学んで帰ってくるのだ。

本書は、手づくり絵本やおもちゃの楽しさを知っていただくために、ボクの出会った子どもたちの「いい話」を紹介している。登場する子どもたちは特別な子どもたちではない。むしろ、どこにでもいる子だといっていい。
見方をほんの少し変えただけで、子どものすばらしい「力」が発見できる。読んでいただいた方が、「うちの子と同じだ」とか「それならうちでもやってみよう」と思ってくれたらうれしい。

二〇〇三年十月十四日

木村　研

もくじ

遊ばせ上手は子育て上手

2　手づくりおもちゃのすすめ

3　遊びこそ子どもの生きるエネルギー源

第1章

手づくり絵本のすすめ

読書の楽しさを知らせるために

「子どもが本を読まなくなった」といわれはじめて、ずいぶん長くなる。

原因としては、子どもに時間がなくなった。テレビやテレビゲームのような、手軽で楽しめるものが多くなった。そして、読書が勉強のためになるというイメージが強すぎて読書がきらいになっている、などといわれてきた。

振り返ってみると、子どものころ漫画少年だったボクの場合も、書店や図書館に並んでいる有名作家のりっぱな本には、どこか近寄りがたいところがあり、尻込みをしていたように思う。

学歴社会の今日では、勉強、勉強と時間に追われ、ますます子どもの本離れがすすんでいく気がしてしかたがない。このような時代だからこそ、ボクたち大人が子どもたちの読書をする環境を作り、読書の楽しさを知らせていくことが、いっそうたいせつになってきた、といえるのではないだろうか。

「本に出会えるチャンスを作ってやろう」と、子ども文庫をはじめたお母さんがいる。文学作品の楽しさを教えるために読書指導を続けている先生がいる。図書館や保育園などで絵本や紙芝居の読み聞かせをしているのも、楽しさを教えるためのものではないだろうか。

しかし、読み聞かせの苦手なボクは、手づくり絵本の講師を引き受けて、読書にも関心をもってもらおうと思っている。


ボクが手づくり絵本をすすめたり、手づくり絵本の講師を引き受けるようになったのは、三十年近く前になるが、川口市（埼玉県）の公民館で、子どもの「読書教室」の講師をやったことがきっかけだ。

このときは講師が二人だったこともあり、ボクはもっぱらおもちゃづくりの指導をしていた。しかし、「せっかく指導をするのなら……」という思いもあって絵本づくりをやってみると、子どもたちが夢中になり、読書に関心をもちはじめた。とくに、いたずらばかりやっていた男

①山がありました

②山が怒って

③噴火しました

④噴火した石が

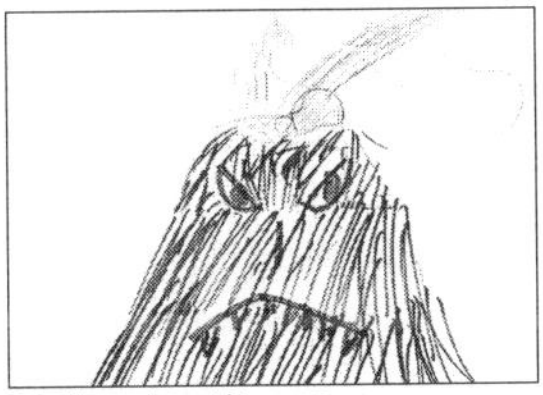
⑤隣の山に当って

⑥隣の山も怒りました

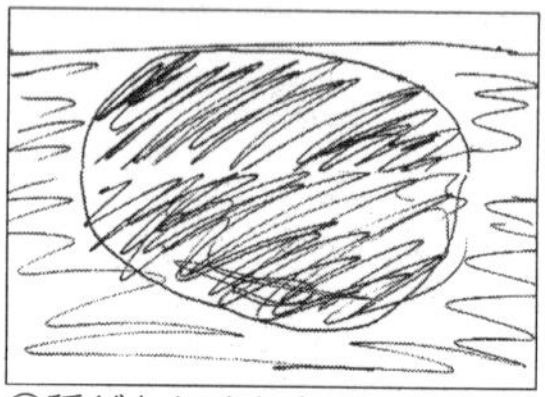
①種がありました

②下のほうから根がはえてきて

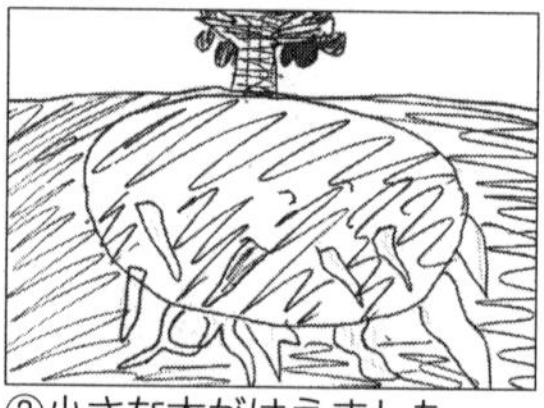
③小さな木がはえました

④木が大きくなって

⑤下のほうから虫に食われて

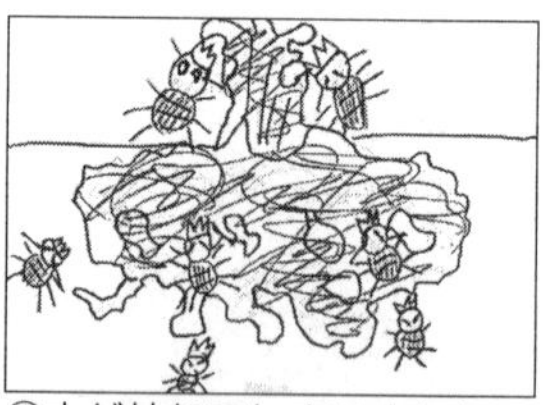
⑥木が枯れてしまいました

の子たちが、一枚の紙を折り返しながら作る「くるくる絵本」では持ち味を発揮してくれた。絵がつながるように作らなければいけないので、大人でもなかなか作れない。それをものの十分か十五分で作ってみせてくれたのである。

子どもたちは思ったことがそのまま表現できるからだろう。もっとも彼らはいたずらの続きで作ったのかもしれないが、彼らが描いた「山がありました……」（前頁図）ではじまる話と、種が根を出したものの最後に虫に食われてしまう（右図）、という内容の二つの作品があまりにもすばらしくて、ボクは二人の子に頼み込んでその作品をもらった。そして講師をするたびに紹介している。

このときの体験が、「興味さえもてば、絵本は誰にでも作れる」「遊ぶことが発想を豊かにする」などということを、ボクに教えてくれたように思う。

※「くるくる絵本」は巻末付録にありますので、ぜひみなさんも遊んでみてください。

人生で最初に出会う本だから

ボクは、子どもたちだけでなくお母さんや保育者、ときには小学校の先生たちのところまで、絵本づくりの講師として出かけることがある。それは、絵本が人生で最初に出会う本だからだ。そして、子どものことを一番よく知っているお母さんやお父さん、先生や保育者が、子どものために作った本が一番いい本だと思っている。なぜなら、作る人の願いや思いがつまっているからだ。

たとえば、車の好きな子どもなら車の絵本を作ってあげる、などというようなことだ。それも、自分のお父さんやお母さんが運転しているのと同じ車なら、なおいいと思う。絵が苦手なお母さんなら、広告の車を切りぬいて貼るだけでもいい。世界に一冊しかない自分だけの絵本ができる。

船橋市（千葉県）の保育者たちに好評だったのは、娘に最初に作ってやった「ものしり絵本」だ。

この絵本は、ありあわせの紙をとじて作ったものに、絵を描いただけの本だが、子どもをこれ以上ないくらいほめることのできる本なのだ。ボクなど、当時二歳にもならない娘が、描いてあるものの名前を「りんご」「はっぱ」「おばけのＱ太郎」などと次つぎに全部答えるものだから、「娘は天才ではないか」と思ったほどだ。種明かしをすればかんたんなことで、ただたんに、娘がおぼえたものから順に描いて繰り返し聞いているだけのことである。

数年前になるが、東京都足立区の舎人コミュニティーセンターの講座「はじめての絵本づくり」に参加してくれたお母さんの一人、小山さんはたくさんの絵本を作った。小山さんが、期間中に製本した二冊の本を子ども（兄妹）にプレゼントしたところ、「想像以上に子どもが喜んでくれた」と、うれしそうに話してくれた。

『ぼくきょうりゅうにあったんだよ』は、恐竜好きの光君（当時五年生）に。この絵本には光君のアイデアもたくさん

ものしり絵本

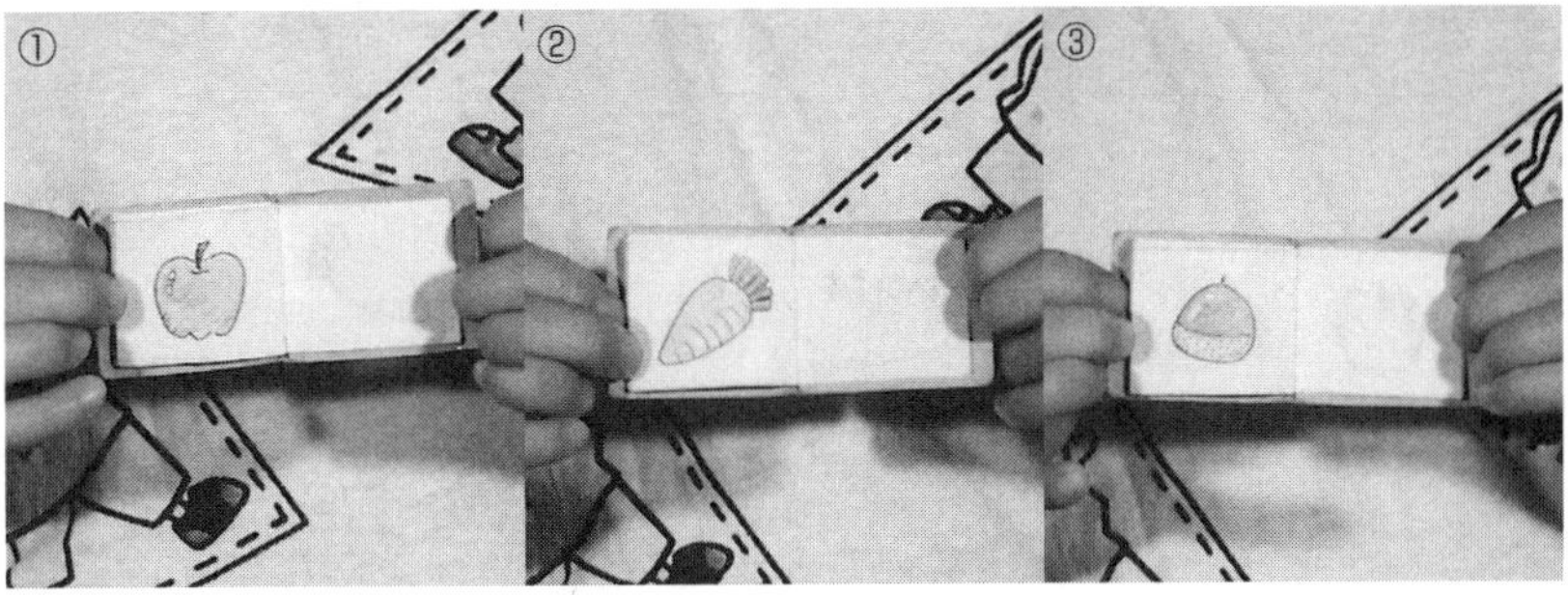

入っているそうだ。『わたしとおはなししませんか』は、妹の桜ちゃん（当時二年生）に。この絵本は、桜ちゃんが赤ちゃんのときに、ドッグフードを食べてしまったエピソードをヒントに作った、という。この絵本を見て、「へえー、こんなことがあったの」と、桜ちゃんと話がはずんだのだそうだ。

小山さんから、後日手紙がきた。

桜ちゃんは、友だちや先生と話をするのが苦手だったけど、遊びにきた友だちにお母さんの作った絵本を見せているうちに、「桜ちゃんといっしょに、私も出てくる絵本を作って」という注文がでるようになり、『サンタさんにあった女の子』を作ったところ、みんなとうまくいくようになった、というものだった。

「子どもたちが一番の読者であり批評家です」と話す小山さんのような親子関係を、みんなが持てたらどんなにすてきなことだろうと思う。

子育てに生かす手づくり絵本

ボクは、柏市（千葉県）の自主運営のグループ「ヤングミセス子育てセミナー」（いまは名称が変わっている）のお母さんたちと、毎年クリスマスに子どもにプレゼントする絵本を作ってきた。会員は、〇歳から三歳までの子どもをもつお母さんが六十名くらい。二年目、三年目のお母さんは、材料集めなどから楽しんで作っているが、はじめてのお母さんは、まず記念に残す絵本を作る。

それでも、アルバム風に写真を貼って作った本、家族からのメッセージが入った本、子どもが生まれたときのエピソードを集めた本と、さまざまな絵本ができあがる。

たとえば、名前をどうやってつけたか、ということを書いたお母さんがいた。生まれる前、男の子だったら……、女の子だったら……とそれぞれたくさんの名前を考えていたというその名前が全部書かれている。そして、そのなかからどうしていまの名前に決めたのかが書かれているのだ。この本は、プレゼントしてもらう子どもだけでなく、お母さんの心までが豊かになる、そういう本ではないだろうか。

そして十年後、二十年後に、子どもたちはどんな気持ちでお母さんの作ってくれた絵本を見るのだろう。あるいはお母さんになって、自分の子どもに「おばあちゃんの作ってくれた本だよ」と、読んであげているかもしれない。そんなことを考えていると、ボクまでうれしくなってくる。

このサークルには趣味の会もあり、もっと絵本を作りたいというお母さんたちが、月に一回絵本づくりをやっている。

・幼稚園の卒園記念に作った絵本
・家族の紹介絵本
・引越していくときに、「忘れないでね」という絵本を作り、プレゼントした絵本
・お父さんのことをもっと知ってほしいと、お父さんの仕事のことを書いた絵本
・いまたいせつにしているおもちゃや、いま好きな食べ物を書き残した絵本
・弟や妹が生まれ、家族が増えた記念に作った絵本

と、いろんな絵本が生まれた。

これらの絵本は、子育てのなかで生まれた絵本、いいかえれば、手づくり絵本を子育てに生かしているといっていいのではないだろうか。

パパの一日

パパの おしごとは
しょるいを かいたり
いろいろなことを
かんがえたり することで
おしごとは とても いそが
よる おそくまで
かかってしまいます。

いろいろな講座でたくさんの手づくり絵本が生まれた。若いお母さんたちにまじって参加されたおじいちゃんが、ウスバカゲロウの絵本を作ったことがある。あまりにもりっぱな出来栄えだったので、「この本はうちにおいて、孫が遊びにきたときに見せてやろう」と得意げに話していた顔を、いまも忘れることができない。

またべつの講座では、お母さんが、大阪のおばあちゃんの家までいく道のりを迷路にした絵本を作った。女の子（娘）が家の近くの駅から電車や飛行機を乗り継いで大阪までいくものだ。最後におばあちゃんの家にたどりついて玄関のドアを開けると、そこにはおばあちゃんの写真が貼ってあり、「いらっしゃい」といっているのだ。

ボクは、おじいちゃんが孫に絵本をわたしている姿や、手づくり絵本をもっておばちゃんの家を訪ねたときの子どものようすを思うと、やっぱり

たくちゃんはこんなに大きくなりました

一人でも多くの人に手づくりの絵本を作ってもらいたい、という思いを強くする。

親子参加の講座では、子どもは絵を描いて親は製作と、合作の絵本やおもちゃづくりをやってもらうことが多い。そうすると親子で楽しめるだけでなく、子どもがせかされたりすることがなくなるし、絵本づくりに参加したけど絵や文が苦手で……という人には、「文はお父さんに書いてもらって、絵は子どもたちに頼んでもいいよ」とアドバイスする。それは、ボクの考える手づくり絵本は、製本だけとか企画だけの参加でもいいと思っているからだ。とにかく、作って完成させて使うことがたいせつだから。

手づくりの絵本を作ることは、子どもといい関係を作るきっかけにもなり、いい本を見分ける力にもなる。そして、いい本との出会いは、読書の楽しさを広げることにつながると信じている。

子どもたちから学んだ、ボクの手づくり絵本

ボクがはじめて一人で、草加市（埼玉県）の図書館で講師をしたときのこと。「夏休みを使って、三回で子どもたちに手づくりの絵本を教えてください」と頼まれて、短時間で完成できる「インスタント絵本」や「アイデア絵本」、子どもたちが関心をもちやすいテーマの「自己紹介の本」などを作った。

まず一枚の紙を折りたたんで八ページの本を作り、それを使って本の内容を考えてもらう。このときのことがきっかけになって、「スピード絵本」が、ボクの手づくり絵本に欠かせないインスタント絵本のはじまりとなったといっていい。

ほとんどの子どもはすぐに描きはじめるが、なかにはイメージがわかないのか頭を抱える子も少なくない。そんな子に、「ペット飼っているの？」とか「家族は何人なの？」と声をかけていき、イメージを引き出していくと安心したように描きだす。そんな子どもたちのようすを見ていると、描けないのではなく、うまく描かなくてはいけないと考えたり、先生やまわりの

評価を気にしているように思えてしかたがなかった。

ボクが「何を描いてもいいよ」といってもすぐには信じてくれない。そこでまた、「ほんとうに好きに描いていいんだよ」というと、なかにはボクを試すように〝ウンチ〟を描いたり、わざと赤ちゃんのようにぐしゃぐしゃに描く子もいる。それでもボクが紙をわたし続けると、子どもたちはしだいにユニークなおもしろい絵本を作りはじめる。

大人の役割は描かせるのではなく、描きたくなることをいっしょになって考えてあげる、それだけでいいのだ。ボクはこのときの子どもたちからそれを学んだ。

早い子はすぐに描いてしまうので、そうした子どもたちは前に呼び寄せ、ほかの子どもたちに作品を紹介して、そのなかのいいところや、ほかの子のヒントになるところを伝えてあげるようにした。すると、次から次に作品が生まれ、二冊目、三冊目を作った子もいる。

子どもの描く絵には、みんな意味があると思う。幼児の絵には、靴をはいていてもちゃんと足の指が描いてあるし、マンションの十階に住んでいる子は、必ずマンションの十階に自分の家を描いている。また裏表紙などに時計を描いている子は、必ずといっていいほど講座の終わる時間を描いている。

こうしてほとんどの子どもたちが三回続けてやってきて、インスタント絵本ばかりではなく製本する本までも完成させたのである。職員の人たちはびっくりしていたが、いちばん驚いたのはこのボクである。子どもたちはやる気になりさえすればすごい力が発揮できるのだと。

このとき、ボクの「手づくり絵本の講座」に対する考え方がまとまったような気がしている。それは、「全員が作れる」ということと、「作った本を使う＝見たり、遊んだりする」ということにこだわりたいということ。そしてさらに、子育てにも役立ててもらいたい、と思うようになった。

もう三十年くらい前のことだから、そのときの子どもたちも、いまではいいお父さんやお母さんになっているだろう。でも、ボクには昨日のことのように作品の一つひとつが浮かんでくる。

小さい絵も楽しい

子どもの絵について、「小さく描くことは問題あり」と決めつけている傾向があるような気がする。実際に、Ａ３判くらいの大きな画用紙ばかりに描かせている保育園などがあり、びっくりしたことがある。聞いてみると、大きい絵を描けない子は発達が悪い、弱い子、ということらしい。ボクはそんな先生たちにどうしても一言いいたくなる。「それじゃ、描いている子どもの気持ちはどうなるの？」と。

そもそも絵とは、発達の程度をみてもらうために描くものじゃなく、描きたいから描くのではないだろうか？　絵を描きながら、子どもは空想の世界で遊んでいるかもしれない。楽しかったことやおもしろかったことを、もう一度味わっているかもしれない。そんな子どもの気持ちを想像したら、描く絵がたとえ小さかろうと、どんな色を使おうと、問題ないのではないだろうか。むしろ、描いた子どもの「思い」をそこに見抜く大人の力量のほうが、よっぽどたいせつなのではないかとボクは思う。

むかし、ボクが児童館で子どもたちとおもちゃを作っていたときのこと。

子どもたちはとっても絵を描きたがっていた。そこでボクは、「絵本を作ろう」といったものの紙を用意してなかったので、仕方なく一枚だけあった紙をビリビリと人数分に破って、「これに描いたら」と、子どもたちにわたしていった。いろいろな形にちぎられた小さな紙切れを見て、子どもたちは口々に「えーっ、これに……」「なにかくんだよ！」と、いいだした。

そこでボクは、近くにいた二、三人の子の紙を借りて、「これなんか、ヘビが描けるんじゃない。こっちはクジラかな……」と、紙の向きをいろいろ変えてみせると、「それはキリンだよ」「ワニだよ」という声が返ってきて、子どもたちが小さな紙にどんどん絵を描きはじめた。新しい紙が届いても、わざわざ破って小さな絵を描いていった。一つひとつ見ていると、なるほどどれもそれらしく描けていた。

ボクは、子どもたちの小さな絵を大きな紙に貼り、まわりに柵を描き合作の動物園を作った。絵本こそできなかったが、紙が小さかったことが、逆に子どもたちの想像力を大きく広げたといえよう。

わかるともっと遊びたくなる

ボクの知人、友人には、障害をもっている子どもたちの学校や施設で働いている人が何人もいる。その人たちの仕事ぶりを知るたびに頭がさがる。なぜならボクにはその先生たちのように、障害をもった人やお年寄りに、どうしても自然に手を貸すことができない。「何かしなければ」と考えるけど、どうしても行動を起こす前に考えてしまう。「手をだしたら失礼にならないだろうか」と。そういう自分が嫌なのだが、どうしても行動を起こすまでにあいだがあいてしまう。それは、ボク自身が障害をもった人やお年寄りと接する機会が少なくて、慣れていないせいかもしれない。

そんな思いもあって子どもたちには、小さいときからいろいろな人のなかで育ってほしいと思っている。障害をもった人や肌の色の違う人、いろんな考えをもつ人があたりまえのように関わり合いながら育っていけば、きっとボクのように戸惑うことなく、誰にでも自然に手を貸せる人になれるだろう。

手づくり絵本の講座にも、ときどきそういう仕事をしている先生がみえて、「障害をもっている子どもたちが、作ったり、使ったりできる絵本はありますか?」と聞かれることがある。障害によって違いがあるだろうが、ボクはシルエットの本を紹介することにしている。四、五枚の小さな厚めの紙をとじ、高級感のある紙で表紙をつけたインスタント製本で、小さいけれどちょっと豪華な絵本だ。

本を開くと、シルエットがいっぱいだから、誰もが不思議そうな顔になる。そこでボクは、まずこのシルエットの説明からはじめる。

「むかしの人なら知っていると思うけど、小学館の幼児雑誌『幼稚園』が、いまのようにいい紙を使っていなかったころ、雑誌のうしろのほうに二色刷りで、知能テストみたいな問題がついていたことを知りませんか?」と。

「知ってる、知ってる」という人がいるとうれしくなるのだが、近ごろはなかなかそういってくれる人がいないので自分で説明する。「たとえば、大中小のうさぎの絵がバラバラに並んでいるのを大きい順に並べなさいとか、三つのシルエットのなかからリンゴを選びなさいとか、三輪車はどれですか、などの問題に記憶ありませんか?」と聞くと、「あった、あった」と年配の人が答えてくれる。そうなるとしめたもの。

「それそれ、それですよ。むかし、ゴミすて場にあったその雑誌を拾ってきて、それを切ってバラバラに貼ったり、ページをかえて貼っただけなんですよ」と本を紹介すると、それまで

シルエット絵本

手の動かなかったお母さんたちも、チラシを切り抜いてマジックで塗りつぶしたり、コピーで拡大・縮小して、自分なりの本を作りはじめる。そうなるともう完成したようなもの。お話が苦手だったり、絵の苦手な人も、ほぼ完成のイメージがわいてくるから、講師のボクとしてもやれやれ、ということになる。

ひととおりの説明を終えるとボクは、「このシルエットをわが子の写真でやってみたらどうですか？」という。するとオリジナルの自分探しの本ができる。自分探しの本なら、たとえ知的障害をもっている子だって楽しんでくれると思う。

障害があるなしにかかわらず、手づくりのクイズ本は必ず子どもがわかるように作ってほしい。子どもたちは、わかると得意になれる。得意になれるからもう一度読みたくなる。

子どもが小さいとき、寝る前に絵本を読んでやっているとこっちが先に眠くなり、いいかげんに読むと「ちがうよ！」と、よく読み直させられたものだ。大人のようにストーリーを楽しむより、子どもは読んでもらうことのほうが好きなのかもしれない。

一ページごとに楽しんで、納得して、いろんなことを自分のものとして獲得して次に進んでいくのだろう。急がなくていい。何度繰り返して読んでもいい。先に進みたいときにはその子に合わせて新しく作ればいい。その子に作らせてもいい。これが手づくり絵本のいいところだ。

シルエットの本で見開きにする場合は、右のページに本人の写真を貼り、左に集合写真（一人ひとりの写真をたくさん貼ってもよい）を貼ると、見比べながら探せる。ページを変えれば記憶しなくてはいけないから、少しむずかしくなる。でも、忘れたら前のページに戻ることもできるから、ぜったいに探せるだろう。繰り返しやって覚えてきたら、探す人を友だちや先生にすれば、何冊だって作れる。子どもの描いた絵にすれば、もっとむずかしくなって楽しい。友だちと仲良くなるための本としても使えるし、クラスの友だちを覚えるための本としても使えるなかなかの優れものといえるだろう。

日々変わっていく子ども

幼い子の描く絵は日毎に変わっていく。いや、正しくは成長していくといったほうがいいかもしれない。まわりで見ていると繰り返し繰り返し同じ絵を描いているようにみえても、ある日突然に変化して、二度と前と同じ絵は描かなくなる。

ボクは近ごろ、お母さんたちのところに話しにいくと、できるだけ子どもの描いた絵を使って、手づくりの絵本やおもちゃを作って残しておくようにすすめている。なぜなら、子ども、とくに幼い子の描いた絵は、もう来年は描けないのだから……。

たとえば、点しか描かなかった子が線を描いたり円を描いたりするように、いままで描けなかった絵が描けるようになることは、子どもにとっても親にとってもうれしいことだ。だからそのときそのときの子どもの絵を、成長の記録としてもたいせつにしてほしいと思う。

手づくり絵本の講師に出かけるときは、資料や見本をたくさん用意していくようにしている。

見本の多くは、ボクが娘に作ってやったものや、頼みこんで娘に作ってもらったものが多い。しかし、どうしてもボクには用意できない見本がある。それは、子どもが生まれる前に作る本だ。

「子どもが生まれる前の本」は、柏市の母親学級（お母さんになる人たちの講座）の講師を頼まれたときに、「子どもが生まれたら役立つような絵本やおもちゃを教えてください」といわれ、スピード絵本を自己紹介もかねて、「まってるよ」というテーマで作ってもらったものが最初だ。

それからは、お腹の大きなお母さんが講座にみえるたびに「まってるよ」の絵本を作ってもらうことにしている。この本だけはボクにも作れない。作ったことさえない。なにしろボクが手づくり絵本をはじめたのは娘が生まれたあとのことだから……。「まってるよ」の絵本は、なにも上手に作らなくてもいいのだ。赤ちゃんが生まれてくる前のいまの気持ちを、そのまま書くだけでいい。待っている気持ちは、おじいちゃんやおばあちゃんも同じだと思う。家族のみんなからメッセージをもらって書き留めておくだけでもいい。

生まれる前に考えた名前や、お母さんたちが、生まれてくる赤ちゃんのために気をつけていること、生まれたらいっしょにやりたいことを書いておけば、すてきな本になる。

ボクはそんな本には、最後の一ページを残しておいて、生まれてから写真を貼ったらどうですかとアドバイスをするが、こんな絵本をもらえる子は、どんなに幸せだろうと思う。この世に生まれる前から、こんなにみんなに愛されていたのだと知ったら、たとえツッパッて不良のまねをしてもだいじょうぶ、と思えるから不思議だ。

この本は〝いま〟しか作れないから、チャンスのある人にはどうしても作ってほしい。いましか作れない本のなかには、柏市の絵本サークルにいたお母さんが作った、「おいたちの本」がある。ラストシーンには、公園でたくさんの子どもたちが遊んでいる絵があって、その子どもたちに小さく名前がつけてある。そのときにいっしょに遊んでいた友だちの名前だということだった。彼女は、それから一ヵ月ほどして千葉市のほうに引っ越していった。「遊んでいた友だちの名前を書いておいたから、いまではとってもたいせつな宝物になっている」と喜んでいた。

ほかにも山口県から引っ越してきたお母さんが、引っ越しの思い出を本にしている。同じようにそのとき遊んでいた友だちの名前や、住んでいた家のようすが描いてある。まだ山口県の友だちには見せていないけど、「いつか見せたい」と話してくれた。この本もいまでは家族のたいせつな思い出の本になっているという。

手づくり絵本は、アルバムとはひと味違った思い出が残せるので、これからもお母さんたちにすすめていきたいと思っている。

親の思いや願いを込めて

親の思いや願いを込めた本といえば、一番にあげられるのが「名前の本」だろう。多かれ少なかれ、子どもの名前をつけるときにはどの親も、いろいろな思いや願いを込めているのではないだろうか。そんなわが子の名前の由来を絵本にしてみたらどうだろうか。

『子育てをたのしむ手づくり絵本』（ひとなる書房）で紹介しているお母さんの作品に、「はじめまして彩乃です」がある。これは、育児日記をもとに彩乃ちゃんにまつわるエピソードを紹介したものだ。このなかで、名前を決めるのにあたって考えた候補を、男の子なら、女の子ならと、それぞれ六個ずつ書いてある。これだけで親の気持ちが十分伝わると思う。

ボクの娘の名前には「生きてほしい」「生き抜いてほしい」という思いが込められている。娘は未熟児で生まれ、肺が完全にできていなかったから、保育器のなかで冷凍の母乳で育った。病院の先生からも、「生きる力が強ければ助かるでしょう」といわれたたほどだ。そのとき、娘の足の裏には「木村ベビー」と書いてあった。

名前の本

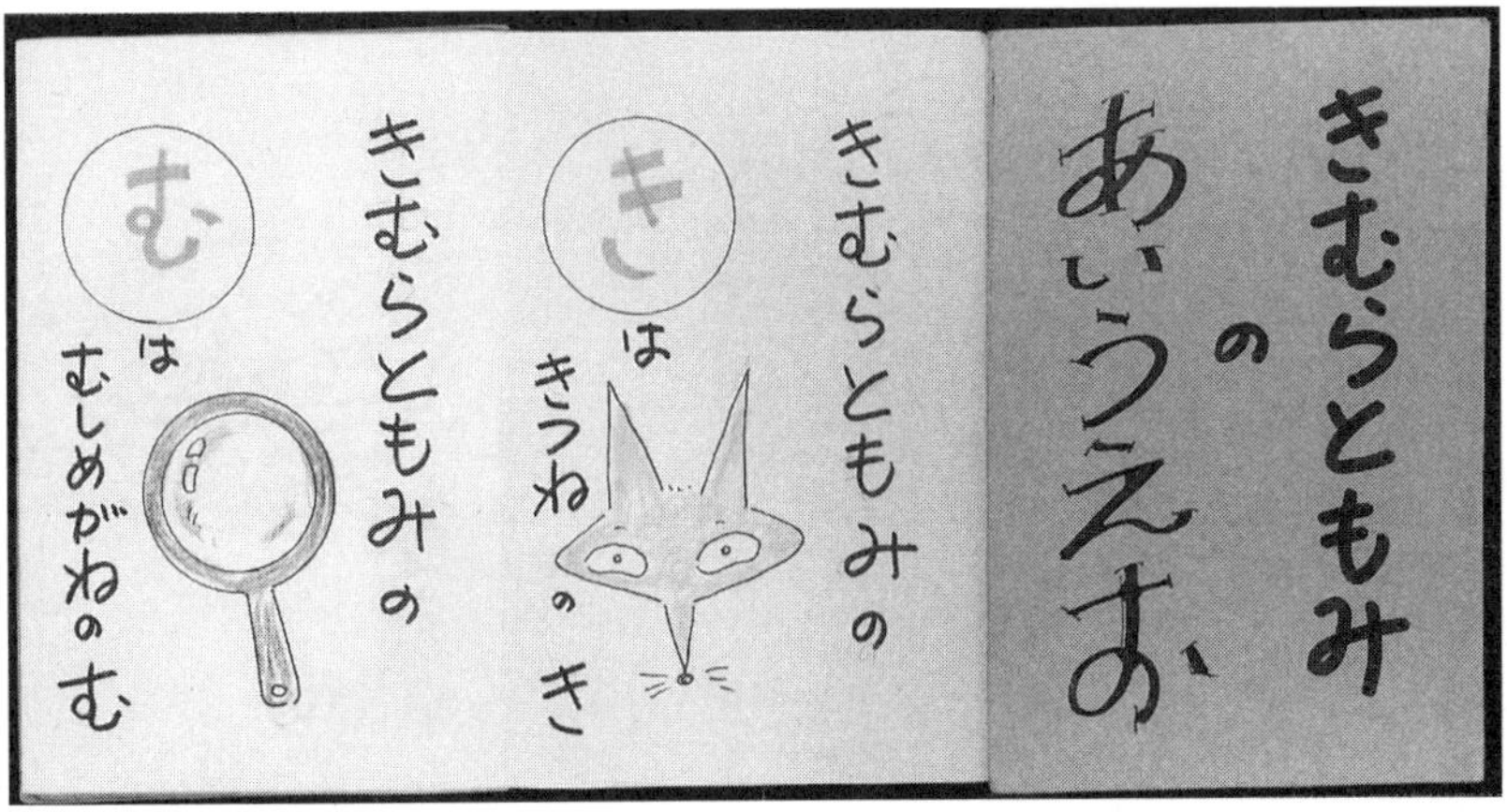

もし助からなかったら……などと考えたくはなかったが、「このまま死ぬようなことになったらこの子には名前もないのか」と思ったら、いても立ってもいられず、急ぎ占いをやっている知人に頼み、「病気に打ち勝つような強い名前」を考えてもらった。そのなかの一つが「友美」である。

おかげで、あれよあれよというあいだに元気になり、小中学校時代は病気などで休むことなく高校も卒業して、いまは専門学校に通っている。「ただ強すぎて、婚期が遅くなるかも知れませんね」などといわれていたが、父親としては、「まっ、それもいいか」である。

友だちづくり

手づくり絵本の講師をするとき、必ずといっていいほど「自己紹介の本」を作ってもらう。自己紹介なら、同じものがないからおもしろい。できない人ができる人の真似をしても、同じにはならないからだ。

お母さんたちも、わが子の紹介になるとどんどん書ける。また、それをもとに家族紹介の本を作ってもらうと、家族にとって記念の本になる。ボクはこれらの本を、大人でも子どもでも五分で作ってもらうことにしている。こういうと、だれもが驚かれるが、五分だから作れるとボクは思っている。二日も三日もかけて作ろうと思うと、賞を取るわけでもないのに考え過ぎて書けなくなる。

できるとボクはすぐに発表（自己紹介）してもらう。するといろいろな書き方があることがみんなにわかって、悩んでいる人の参考にもなる。それどころか、出身地や趣味などが書いてあると、「うちのお父さんが生まれたところよ」とか「私も中学校のときやってたわ」などの声があがり、共通の話題ができ、それがもとで友だちになったり、サークルを作るきっかけになっているのがうれしい。

一枚の紙で作る本だから、ボクは全員の作品をコピーしてもらって、わざわざブックケースを作って入れている。五十人いれば五十冊の本ができるから、友だち同士で、ぜひやってみることをおすすめしたい。子育てを楽しむためにやってほしい「手づくり絵本」だけど、お母さんの友だちづくりに役立つ絵本でもある。

保育者の方には、新年度自分のクラスの子どもにむけて、クラスの子がわかるような先生の自己紹介の本を作ってもらっている。楽しい自己紹介の本で、子どもたちとの距離がぐ~んと近くなるのでは……。また、先生の作った本を見た子どもたちは、すぐに「作りたーい！」となるはず。みんなが自己紹介の本を作ったら名前や顔をすぐにおぼえられるから、きっと友だちの輪が広がると思う。

応用としては、誕生会に作ってあげてほしいと話している。また、小学校の先生には、子どもたちに作らせ、それをまとめてクラスの本を作ることをすすめている。クラスをまとめる小道具になればと思っている。家族でも、誕生日に作ったり、遠くのおじいちゃんやおばあちゃんのプレゼントにつかってもいい。

手づくり絵本から生まれたもの

手づくり絵本の講座では、必ずといっていいほど「絵が苦手で……」という声がでる。手づくり絵本は企画だけでもいい、というのがボクの持論だから、絵を描かなくていいアイディアをあらかじめたくさん用意しておく。

絵を描かなくていい方法の一つとして「インスタントの版画」がある。発泡スチロールトレーを使ったり紙を使って版を作れば、何冊でも同じ本が作れる。おじいちゃんやおばあちゃんにもプレゼントできるから、おすすめの本である。手刷りで、何年もオリジナルの絵本を作り続けて賞をもらったお母さんたちもいるほどだ。

絵本づくりの講師先で、版画の型を利用して「型染め」を紹介したところ希望が多く、後日あらためて「型染めの講師」でいったこともあった。ボク自身、型染めは気に入って、染料を買ってきて保育園に通う娘の持ちものに名前をつけたり、布団カバーやシーツにパンダやゾウ、クラスの動物をデザインして型染めをした。すると、わかりやすいと先生にも好評で、肌着やパンツと何にでもつけた。これだと名前を見なくても、一目でうちの子のものとわかるので、次第にオリジナルのTシャツなども作りだした。

保育園の先生のなかには、クラスの旗や遠足用にクラスのTシャツを作った人もいる。ほかにも無地のTシャツにきれいに型染めをし（背中一面に赤とんぼの大群を飛ばすなど）、バザーに出品した無認可保育園もあった。

かんたんにたくさん作れて、おもしろいものにこだわるボクのなかには、絵本でもおもちゃでも作るだけで終わってほしくないと思っている。作ったところからはじまる、という思いがある。そのことが子育てをたのしむことであり、もっともっと「遊ぶこと」になると思っている。

紙版画

墨や絵の具をぬって紙を当てこする

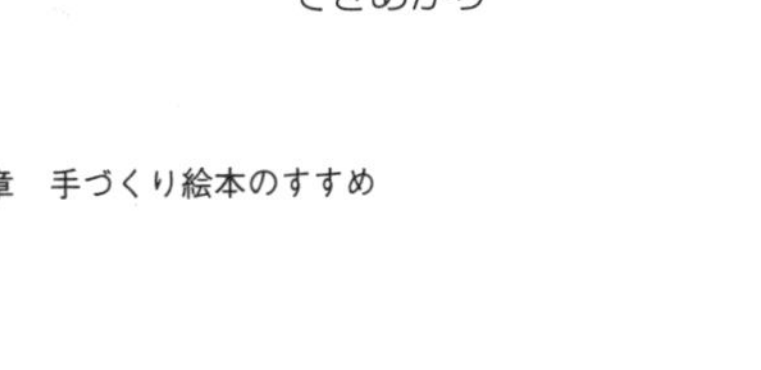

できあがり

第2章

手づくりおもちゃのすすめ

作ったら遊ぶ

ボクが子どものころはまだまだもののない時代で、おもちゃを買ってもらった記憶はあまりない。縁日や祭りのとき、ビーズやビー玉、コマなどを買ってもらったくらいだ。あとは自分たちで作ったり、自然のものを使って遊んだ。

父について田んぼにいったときは、川に葉っぱを流して葉っぱと競争しながら帰ったし、カラムシ（当時は名前など知らなかった）の葉を取って手にのせ、バーンと鳴らして遊んだ記憶もある。何でもおもちゃにしてしまったのだ。そんな体験のなかで、自分で作ることのおもしろさより、作ったものを使って遊ぶことの楽しさに気づいていったのだと思う。

だからプラモデルが流行し男の子は誰もが夢中になったとき、ボクもかんたんなプラモデルを買ったが完成させた記憶はないし、校内大会をするほど流行った模型飛行機も、友だちのように作った飛行機を飾っておく趣味もなく、すぐ壊れてしまったような気がする。それより紙飛行機のほうが楽しかったように思う。

きっとかんたんに作れて、すぐに遊べたからだと思う。いや、それ以上に、もっと遠くへ、今度こそもっと遠くへと工夫して飛ばすことのほうが楽しかったにちがいない。

そのためボクがおもちゃを作るときは、「かんたんにすぐできる」ことを一つのキーワードにしている。目安は五分間。五分でできあがるものなら「やってみよう」という気にもなるだろう。そしてでき上がると遊んでみたくなり、遊んでおもしろかったらもう一つ作りたくもなるだろう。そして二つ目はもっといいものをと、いろいろ工夫もしたくなるのではないだろうか。

ボクが講師として出かける会には、「夏休みの工作教室」とか「たのしい工作」という名前がついていることがある。そんなときボクは、きまって「ボクがやるのはおもちゃづくりで、工作ではありません」と念を押すことにしている。

なぜなら、完成させることを目的に作る場合は、きれいに作ったほうがいい評価をもらえることが多い。そうなるとボクのように遊びたくなったりいじくりまわしてみたくなる子にとっては、作ること（工作）がおもしろくないものになってしまうのではないだろうか。

むかし講演を頼まれたとき、辞書で「おもちゃ」をひいたことがある。すると「子どもが持って遊ぶ道具」と書いてあった。そうか、遊ばなければおもちゃじゃないんだ。それ以来ボクは、遊ばないもの、作るのが目的のものは、おもちゃじゃなく工作と決めている。

遊びの名人

作ることより「遊ぶことがたいせつ」と言い続けているせいか、ワークショップなどではボクのことを、「遊びの大名人」などと紹介していただくことがある。遊びの名人というと、一般にはベーゴマが得意だったり、ゲームなどの遊びをよく知っている人のことをイメージされると思うが、ボクはルールのある遊びをほとんど知らない。そこで、「しいていうなら、遊ぶことの名人でしょう」と、答えることにしている。

遊ぶことは、ゲームなどをするばかりでなくていい。横になってボーッと雲を見ているだけでも、心が楽しんでいれば遊んでいることになると思う。集団遊びが苦手な子のお母さんは、よく「うちの子は遊んでない」と心配されるが、「ほんとうにそうかな?」と思う。お母さんの思う遊びではないかもしれないが、子どもは輪の外でジーッと見ながら仲間に入るチャンスをうかがっていたり、ルールを覚えているのかもしれない。その子が、ほかの子が遊んでいるのを楽しんで見ているのなら、「遊んでいる」といってもいい、とボクは思っている。

仕事の関係である保育園におじゃましたとき、コマ回しのコーチをすることになった。というってボクが特別コマ回しが上手、というわけではない。手に乗せるくらいのことだが、子どもたちは尊敬してくれる。尊敬されると、もう少しいいところを見せてやろうと、子どものころにやっていた「コマの綱わたり」などにまで挑戦してしまう。

保育園では、コマ回しは危ないので三歳か四歳になってからと決まっているところが多いらしく、小さい子は大きい子が回すのをうらやましそうに見ていることが多い。ところが、そのときよく見ていた子は、一年経つとすぐに回せるようになる。見ながら学習していたからだろう。イメージトレーニングをしていたのかもしれない。家で密かに練習していたのかもしれない。どちらにしても、見ているだけで心がワクワクして、回している子と同じように遊びを楽しんでいた、ということだと思う。

子ども時代、大ブームになった山川惣治氏の『少年ケニヤ』を読んでいると、目をとじるだけで、ボク自身がアフリカの草原を走り、ジャングルの木から木へ飛び移っている気分になれた。ほかにも忍者になったり、スパイになったりして、空想の世界でもたくさん遊んだ。漫画を見たり描いて遊んでいると、どんどん空想の世界に入っていけることがある。だから、子どもたちを無理に遊ばせようとしないで、遊びたくなる気持ちを育てたり遊びたくなるのを待ってあげればいいと思う。

逆に、うちの子はよく遊んでいる、と思っているお母さんには「遊びたくて遊んでいるのかな？　お母さんの指示で遊んでいるのでは？」と、一度考えてみてもらいたいのだが……。

失敗を恐れる子どもたち

児童館や学校でおもちゃづくりの講師をするとき、気になっていることがある。

作っているものが気にいらないようで、「失敗したから、もう一枚（一個）ちょうだい」と言いにくる子が必ずいる。「はいよ」と、材料をわたそうとすると、必ず先生たちからストップがかかる。そして決まったように「一枚ずつと決まってますから」とか「きれいに消したらいいでしょう」、といわれる。たしかに無駄づかいはよくないとは思うけれど、せっかくのやる気をそいでしまうようで、ボクはついつい「今日は特別だよ」とわたしてしまう。すると子どもたちは、「いいの?」とたしかめるようにボクを見るが、ほんとうに使っていいことがわかると自信をもって描きはじめるのだ。

それにしても、近ごろの子どもは、失敗することを怖がりすぎている気がしてならない。

ボクが手づくりおもちゃの講師をするとき、必ず作るといっていいのが「紙コップ人形」だ。

紙コップの両サイドを底まで切り、開くと底が口のようになることを利用したものだ。このときコップを左右対称に切らないと口がピッタリ合わない。大人でもむずかしいことなのだが、子どもたちはピッタリ合わないことをとても気にする。いくら「失敗じゃないよ」といっても信用してくれない。そこで、口のずれた人形の口に歯をつけることをアドバイスしたところ、下唇のつきでた人形を「いかりや長介だー」といって見せびらかす子がでてきた。それが「おもしろい」ということになり、みんながいろんな顔の人形を作りはじめた。そうなると失敗どころかいろんな表情の人形ができて、それが個性になった。

ほかにもこんなことがあった。

夏休みに公民館の『工作教室』で「ビー玉の脱出迷路ゲーム盤」を作ったときのこと。

一年生が木工用ボンドをつけすぎ、「ビー玉が通れなくなった」と、ベソをかいていた。ボクがその子に「みんなよりむずかしい迷路を作ったんだね」といいながら、あらかじめ用意をしておいたパチンコ玉をわたした。パチンコ玉はビー玉より小さいから通路が細くても大丈夫。ころがしてみせると、ベソをかいていた顔が一変し、本人も納得。帰るときは大得意顔だった。

そのときからボクは、「おもちゃには、失敗がないんだ」と思っている。いや、失敗にしなければいいのだ。たとえ失敗しても、丸めて投げればボールになるのだから……。

学校や家庭でも、答えは一つと決めないでほしい。それどころか、二つ目、三つ目の答えがどんなに素晴らしいか、私たち大人は知らなければいけないのではないだろうか。

紙コップ人形

おもちゃって理科?

「子どもの理科離れがすすんでいる」という声をよく耳にするが、ボク自身、子どものころは、理科が苦手だった。

そのボクが、いまは、「おもちゃって、みんな理科なんだ」と思っている。

ボクはかんたんなおもちゃしか作らないが、それを使って遊んでみるといろんな発見がある。考えていなかったような不思議な動きをすることもあれば、思うようにいかないこともある。そんなとき「なぜだろう?」「どうしてだろう?」と調べてみると、それにはちゃんと原因があることがわかる。そして気がつく。これってみーんな理科だ! と。

紙飛行機を作れば風の流れに気がつく。もっともっとよく飛ぶように、と考えれば、羽根の角度やバランスなども考えるようになる。舟の浮力も車やロケットを動かす動力も、みーんな理科だ。楽しんで遊んで、気がついたら学校で勉強したことだったりする。しかし、理科を勉強していると思うとおもしろくない。もっと遊びたいときに勉強すればいいと思う。それだから身につくと思うのだが。

「おやゆび姫」は、くしゃくしゃにしたストローの袋に水をたらしてムクムクと動く仕組み、毛細管現象の応用だ。古新聞を花びら型に切った中に二つ折りの新聞を入れ、順に花びらを折りたたんだものをお皿に入れた水に浮かべると、パーッと花が開き、中の紙までも起きあがる。だから「おやゆび姫」なのだ。中に入れた二つ折りの新聞に、「当たり」「はずれ」と書いておけば、そのまま「花びらのクジ」になる。

「花びらのクジ」を一ヵ月間、毎日やった保育園の先生がいる。ある講座で紹介したところ、その日の係を決めるのに、毎日「花びらクジ」を作ってやったそうだ。この話を聞いたとき、ボクは楽しそうに係決めをしている子どもたちの姿が浮かんできた。いまは理科のことなど何も考えてないが、楽しく遊んだことは忘れないだろう。きっと後追いの勉強は楽しい授業になるだろう。

ボクが紹介する手づくりおもちゃに「むくむくくん」がある。

娘がおもちゃのラッパを吹きはじめたころに作ったむくむくくんは、歯みがきのチューブが入っていた細長い箱に、細長いビニールの傘袋（雨の日にマーケットの入口などに置いてある傘を入れる袋）をつけたものにストローを差し込み、吹くおもちゃだった。

息を吹き込むと、ビニール袋がむくむくっと起きあがり、空気が抜けるとへなへなとしぼん

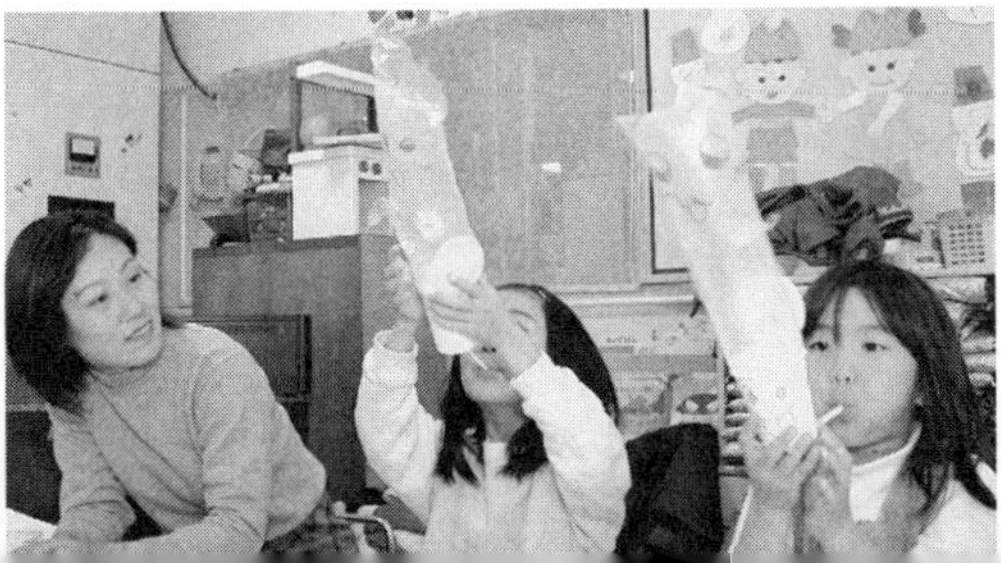

むくむくくん

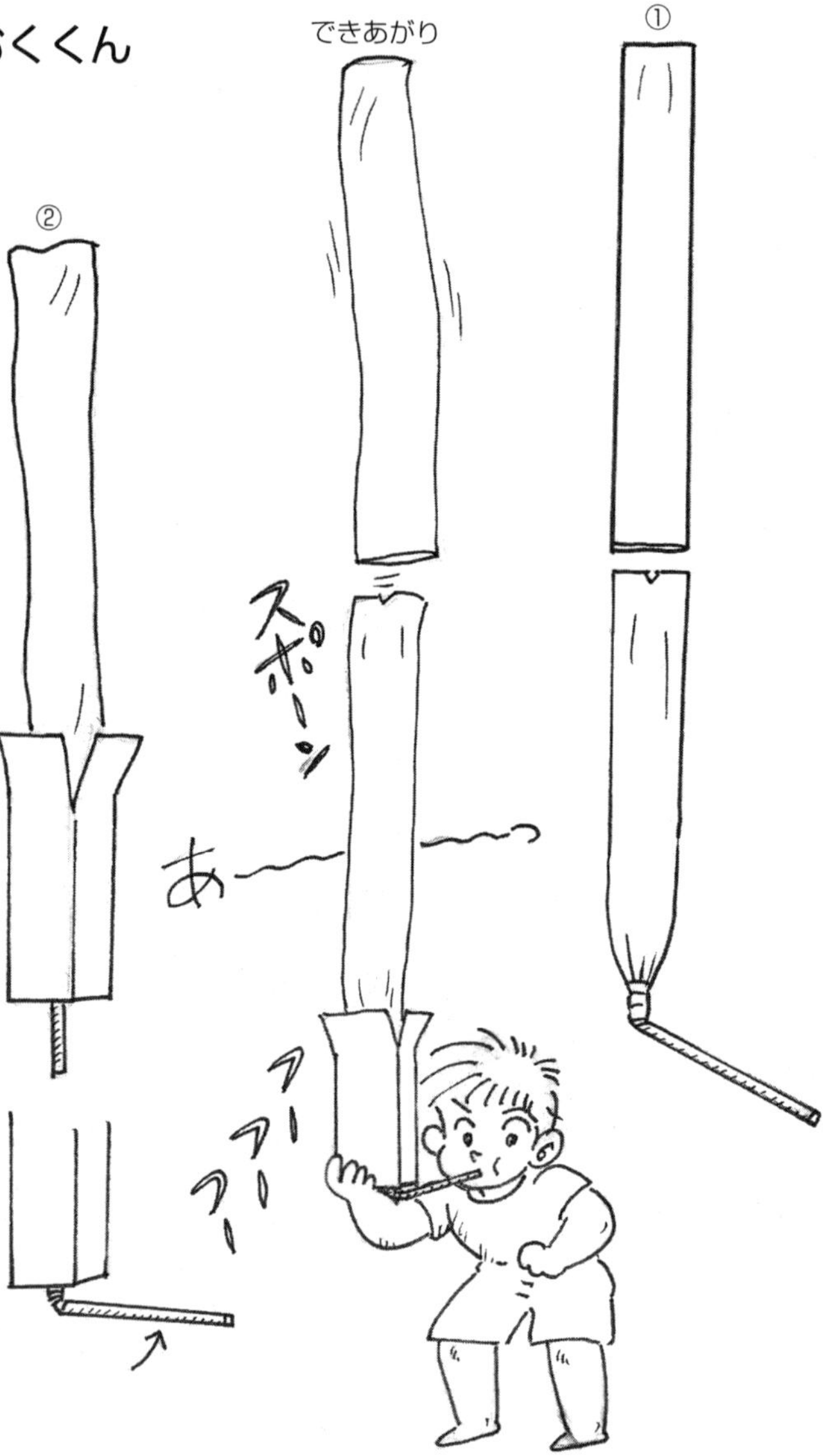

でしまう。あるとき娘が、いじくりまわして箱の中にビニール袋を押し込んで吹いたところ、ビューッと飛び出してきた。それには娘もボクもびっくりした。

娘を喜ばせたくて、むくむくくんにふたをつけて「びっくり箱」も作った。天井にまで届くような二段になるむくむくくんも作った。ほかにも「水族館」や「もぐらたたき」など、応用して作ったものはたくさんある。何度も遊んでいるうちに工夫が加わり、自然と応用編が生まれる。それには、たくさん「さわって、いじって、たしかめる」ことをやってほしい。それこそが、おもちゃの進化につながるのではないだろうか。


話は変わるが、ボクは「先の曲がるストロー」を使ってはじめて「むくむくくん」を作ったとき、これはすごい！　便利だ！と思った。

それまで作っていたむくむくくんは、真っ直ぐのストローを箱につけていたから空気をもれなくするのが大変だった。それが、曲がるストローを使えば紙コップの底に穴をあけて通すだけだから、数秒でできあがる。これが「ボクの五分間おもちゃ」のはじまりといえる。

「ストローロケット」は、この先の曲がるストローを使ったお

びっくり箱

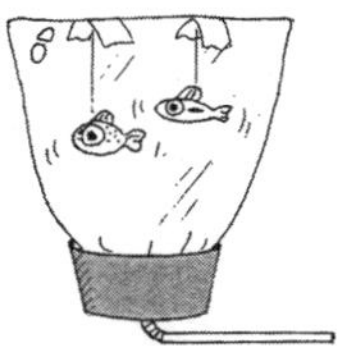

水族館

もちゃだ。太いストローの先を切って折り曲げた細いストローにかぶせ太いほうを吹くと、ロケットのように勢いよくストローが飛んでいくというもので、乳児から小学生までが大喜びするおもちゃだ。

あるとき「ストローロケット」を学校で作った。たちまち子どもたちは遊びだし、先生が大声で「席につきなさい！」といっても、その声は子どもたちには届かない。そこでボクは、あらかじめ用意しておいた「ストローアーチェリー」（ロケットの応用編）を取り出し、「作りたい人だけに教えます」と言いながらストローの矢を射ってみせた。ゴムの動力を利用したアーチェリーだから、矢はピューッと音をたてて子どもたちの頭の上を飛んでいった。だれもがオオーッ！　と声をあげた。そしてボクが「作りたい人は材料を用意して」というだけで子どもたちは席につき、けっして大きくないボクの声に真剣な顔で耳を傾けてくれたのだ。

ストローロケット

子どもたちはいつも「もっとおもしろいもの、もっとおもしろいこと」と考えている。だから子どもといっしょになって、さわって、いじって、新しい発見をするのは楽しい。

「おもちゃって、みんな理科なんだ」。ボクの勝手な解釈かもしれないが、理科がちょっぴり好きになったような気がする。

遊ぶ力、遊べる力

ボクの絵本の『999ひきのきょうだい』(ひさかたチャイルド)は、おかげさまで子どもに人気がある。カエルやヘビがでてくるからイメージがどんどん膨らむのかもしれない。

講習会ではいつも、この本の読み聞かせをしたあとにカエルの絵を描いてもらい、その絵を「ジャンプガエル」につける。ジャンプガエルは、牛乳パックを六センチの輪切りにしたものに切り込みを入れ、輪ゴムをつけただけのものだ。

遊び方は、輪ゴムが伸びるように牛乳パックをつぶして指を離すとゴムの反動でジャンプ(飛ぶ?)するというものだが、子どもの描いたカエルの絵がついているから「ジャンプガエル」である。

ボクのおもちゃはここからはじまる。「作って遊ぶ」だから、遊ばなければいけない。子どもたちの作ったものをたくさんかき集め、まとめて手に持って、一、二の三で開く。すると、たくさんの「ジャンプガエル」が、一斉にワーッと飛びだす。

ジャンプガエル

するとあっちからもこっちからも喚声があがる。そこで、「この本にはへびもでてくるんだよ」と、何匹も長くつないだ「ジャンプガエル」を手の中から飛びださせる。子どもたちはまたまたびっくり、ということになって、「ぼくも」「私も」と作りはじめる。

ジャンプガエルをどこまでもつなげる、を実践した子がいる。八千代市（千葉県）の保育園に通っていた男の子が、なんと一年半も、この「ジャンプガエル」で遊び続けたというから驚きである。

保育者から聞いた話によると、先生がボクの講習会か本で覚えた「ジャンプガエル」を教えたところ、長く長くと五十個もつないで遊んでいたそうだ。その五十個には意味があった。数が多くなると子どもの手では持てない。そこで布団ばさみではさんだというわけだ。どうやらそれではさめる最大の数が五十ということらしい。ボクは長くしすぎるとヘビのおもしろさがなくなりつまらないと思ったが、彼は別のおもしろさを発見したようだ。

すごい！　遊ぶということは、こういうことだろう。あらためて教えられた思いがする。彼に会ったことはないが、きっとすごい想像力の持ち主だろうと思う。この彼は卒園式でもやってくれたらしい。ジャンプガエルに、一つひとつハートをつけて飛ばしたというのだ。

すごい、ほんとうにすごい！

ボクを「遊びの天才」などと呼んでくれる方もいるが、天才というなら、彼のような子のことをいうのだろう。いまは小学生になっているが、ぜひ一度会いたいと願っている。

ジャンプガエルの作り方

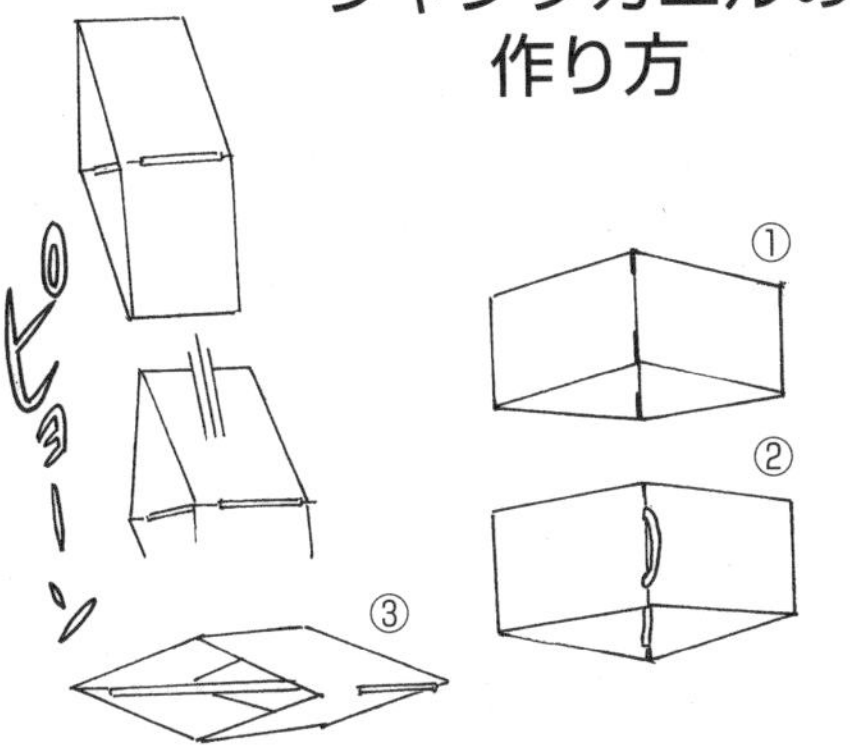

無駄なく遊べるおもちゃ

幼稚園におじゃましたとき、何度か預かり保育の子どもたちと過ごしたことがある。二十人以上の子どもたちと広い教室でおもちゃづくりをした。いくつか作って遊んでから、スチロールトレーを使ってペンダントを作った。

セロハンテープの内輪をつかって円を描き、ハサミで切りとり、それにシールを貼ったり油性マジックで絵を描いて、紐をつけてペンダントにした。「ぼくも」「わたしも」と、たちまちトレーが足りなくなってしまった。仕方がないので、残ったところを切って、裏に両面テープをつけてバッチを作った。小さくてもペンダントがいいという子も何人かはいたが、バッチも好評だった。

トレーはさらに小さくなっていった。

シールを貼る大きさもない子には、指にスズランテープを巻いて、宝石の代わりにトレーの切れっぱしをくっつけてやると、これがまたまた大人気。みんなが指輪作りをはじめ、ゴミと思えたトレーの切れっぱしもおもちゃに変ってしまった。先生が片付けようというのに、ペンダントのひもにトレーのかすや、スズランテープのかすを貼りつけていた子もいた。じつに遊び慣れている子どもたちだった。

ボクは貧乏性で、かすや切れっぱしででも、もったいないからおもちゃを作るが、子どもたちのはそれとは違う。明らかに想像力のたまもの、といっていいおもちゃなのだ。そのためにも、子どもたちには、たくさん遊んで、たくさん想像力をつけてほしいと願っている。

キャラクターと遊ぶ

夏休み、故郷の図書館で「手づくりおもちゃ」の講師をやったときに、あい間をみて近くの保育園にいった。「夏休みだから子どもも少なくて……」とのことだったが、手のあいた先生たちに教えればいいだろうと思っていってみると、広いプレールームに、小さな子どもたちが十人ほど行儀よく並んで座って待っていた。

ボクは、小さな子どもたちにおもちゃを作らせるのは好きじゃない。どちらかというと、「子どもたちは自由に遊んでいいよ。覚えるのは大人がやればいいんだから」と思っている。

でも、いまさら断るわけにもいかず、園にあるものでかんたんなおもちゃを作ることにした。ストローロケットやくるくるたこコプターを作ると、子どもたちはさっそく遊びだした。それならと、あとはいつものように「覚えるのは先生ですよ」と、いろんなおもちゃを紹介した。

最後に子どもたちに協力してもらって、おもちゃづくりで出たゴミをスーパーの買い物袋に詰め込んで、大きなてるてるぼうずを作ってもらった。ちょうど月刊絵本『だいちゃんとてる

てるてるじいさん

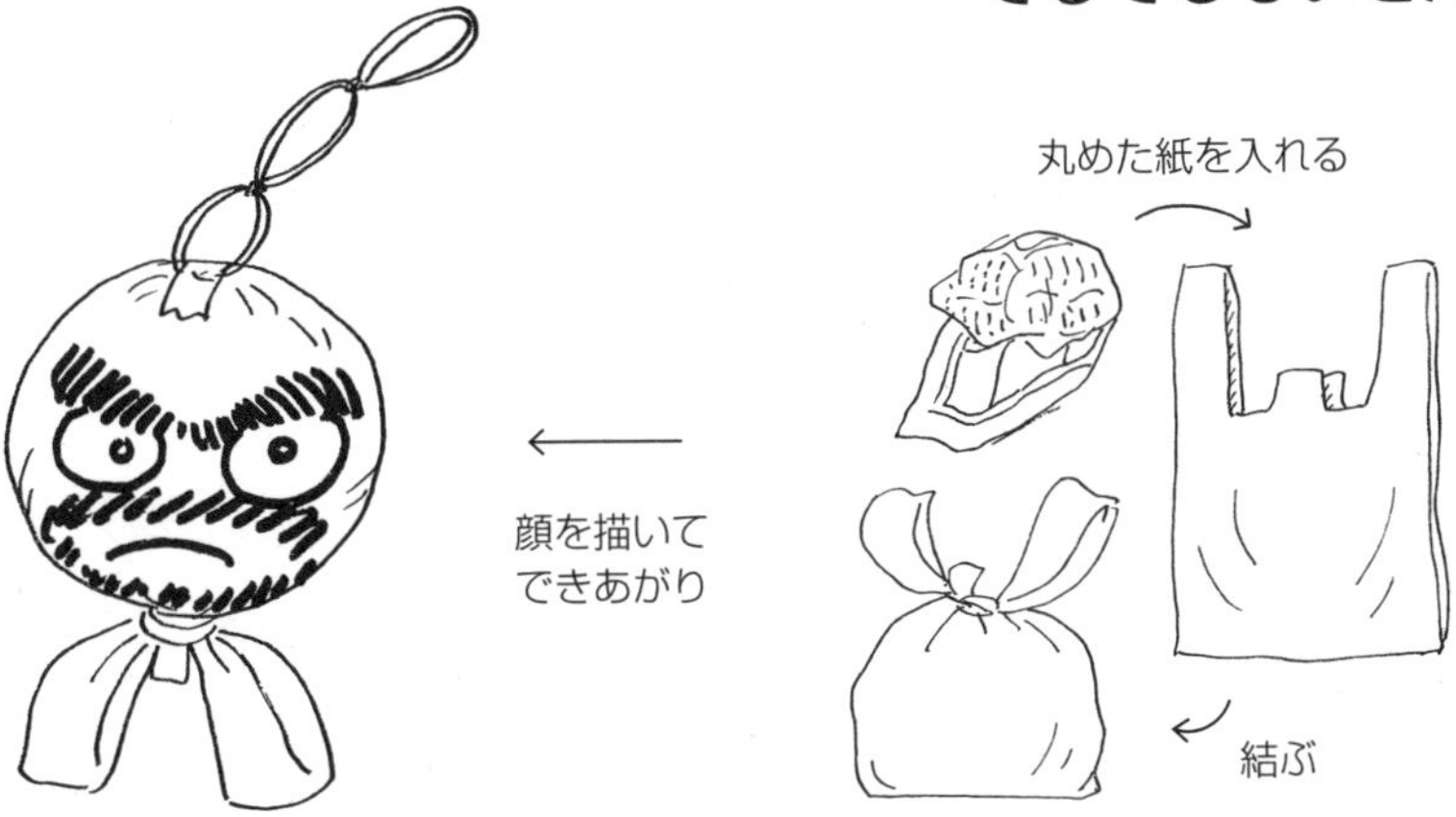

ペッタンてるてるぼうず

てるぼうず』ができたばかりで、子どもたちにおみやげとしてわたしたばかりだったので、そのてるてるぼうずに油性マジックで顔を描いて、大きな「てるてるじいさん」を作った。

そのてるてるじいさんの頭に、二、三本つないだ輪ゴムをつけるとジャンボヨーヨーになる。子どもたちがそれにさわると、ピヨヨーンと揺れておもしろい動きをする。下にも二、三本の輪ゴムをつけてパンチボールにすると、子どもがパンチをいれるとはねかえってきて、もっとおもしろい動きをする。

このおもちゃは、乳児から年長組までいろんな遊びに使える。輪ゴムを足につけてキックすれば、サッカー好きの子なら一人サッカーの練習機（？）にもなる。てるてるぼうずにしたのは、急に思いついたことだったが、子どもたちに好評だったので、他の講座でも紹介したいおもちゃの一つになった。

「ペッタンてるてるぼうず」というてるてるぼうずのおもちゃがあるが、これは応用編だ。幼稚園にいったときに、ビニールのかさ袋にトイレットペーパーをつめこみ、てるてるぼうずを作ってもらい、ガムテープを逆まきにして白板に貼り、それを的にてるてるぼうずを投げると、みごとにペッタンとくっついた。

すると、僕も私もとみんなが夢中になって投げはじめた。「もっと高くして」という子もでてきて的を高くすると、こんどは手が届かなくててるてるぼうずがとれない。そこで子どもたちはいちいちボクを呼びにくる。めんどくさいので低くすると、やっぱり高いほうがいいという。そこで、サランラップの芯にガムテープを逆に巻きつけて先生にわたしたところ、たちまち運動会でやる球入れ状態になった。そのうちに天井の扇風機が止まってしまった。見にいくと、扇風機の中に子どもの投げたてるてるぼうずが何個か入っていた。椅子を積み上げてやっと取り出したが、驚きの投球力である。

子どもたちがたくさん遊んでくれたおかげで「てるてるじいさん」は、大好きなキャラクターになった。二作目、三作目と動き出してくれるような気がして、ボクも楽しみにしている。

いつのことだったか記憶にはないが、保育園の豆まきにいったとき、鬼がこわくて泣いていた子がいた。たしか女の子だったと思う。ちょうど折り紙を持っていたボクは、とっさに「パワーをつけてあげる」といって、折り紙を切ってウルトラマンのお面を作り、その子の顔にセロテープで貼ってあげた。お面はちょうど子どもの顔の大きさにぴったりで、鏡に映った自分の顔に、泣くのも忘れてにっこりしていた。

ほかでも同じような経験をしたことがある。転んで泣いている子やぶつかって泣いている子、ケンカして泣いてる子などにウルトラマンのお面をあげると、たいていの子が泣きやむ。ボクなど、痛いものは痛いだろうにと思うのだが、子どものがまん強さなのか、ほんとうにウルトラマンパワーなのか……。

ゲームを作る

冬が近づくと、必ず「たこ」や「コマ」を使って遊ぶことが多くなる。ところがこれは、乳児や幼児には作るのも遊ぶのもむずかしい。だからボクは、乳児なら、幼児ならと考えた。そして「たこ」では、「くるくるたこコプター」や「ビニールのふわふわだこ」を考えたのだが、「コマ」だけはなかなか気に入ったものがなかった。

ところが数年前、ＣＤを使ったコマを作ったのだ。このコマはさわるだけで回る。そのうえ、いらないＣＤだから油性ペンで絵を描いたりシールを貼ってもいい。それが思わぬ効果を発揮する。コマを回転させるときれいな模様になるのだ。だからもう一回、もう一回と遊びたくなる。

市川市（千葉県）では、子どもを中心にした父母の活動が活発で、

講師に呼んでもらうことが多い。

あるとき、講習会が終わってスタッフの人とお弁当を食べていたとき、リーダーとして手伝っていた中高生たちが二、三ヵ所に分かれて退屈そうにおしゃべりをしていた。その日ボクはPR用のCDを持っていたので、あめ玉を使ってインスタントの「コマ」を作り、彼らの前で回してみせた。すると、「おおーっ!」とみんな身を乗り出してきた。遠くにいた子たちまで集まってきて、いっしょになって遊びはじめたのだ。

それならと、ボクは油性マジックで矢印を書いて、「占いゲームやゲーム盤を作ったら」というと、机に座ってみんなで額をくっつけるようにして、ワァーワァー、キャーキャー大騒ぎをしながらいつまでもゲームに熱中していた。

このときからボクは、児童館や学校などにいくと「占いゲーム」や「野球ゲーム」を作ってもらっている。子どもたちは占いづくりに夢中になり、「すてきな人に出会うよ」「三回はふられるよ」などと書き込みをしながら、作ることも楽しんでいる。遊ぶときになると、「今度は私ので」「次はぼくので」とそれぞれが作ったゲーム盤を使って何度も遊べて、うれしさが倍増する。

先生たちには「席替えするときに使ってみては……」ということにしている。ゲームで決めれば、きっと子どもたちの不満も少なくなるのではないだろうか。いずれにせよ、使う人しだいで楽しいおもちゃになること請け合いのCDゴマである。

CDゲーム

おもちゃは進化する

ボクは、高校時代の先輩の勤めている幼稚園に講師として何度か呼んでいただいているが、いくたびにいろんな発見がある。

「秋まつり」という行事があって、そのなかで「トレーグライダー」作りの講師をしたことがある。

トレーにカッターナイフで切り込みを入れておくと、ハサミで数ヵ所切るだけでかんたんに作れる。油性ペンで絵は描けるし、落ち葉などを張りつけて飾ることもできる。とくにお父さんには好評で、気がつくと少年の顔にもどって、デザインを変えたりペイントに懲りだす人もでてきた。すると、教室のあちこちから「お父さん、すごーい！」の喚声があがりはじめた。お父さんたちが鼻を高くできる瞬間でもある。

次の年にも、トレーのグライダー作りをやった。昨年は人数が多くて年長児しかやれなかったから、ということらしい。それでも気の弱いボクは、二年続けて同じものをやるのは気がひ

トレーグライダー

①

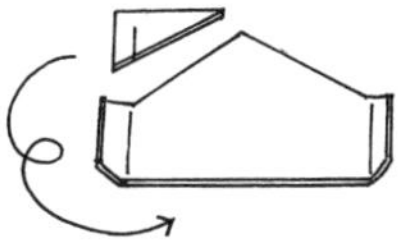

②

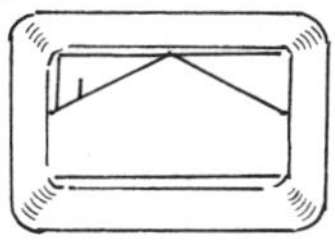

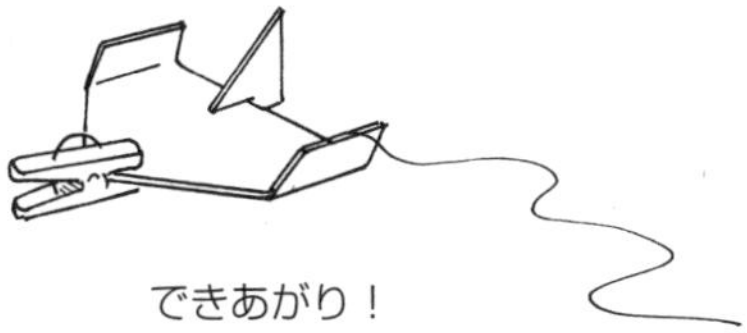

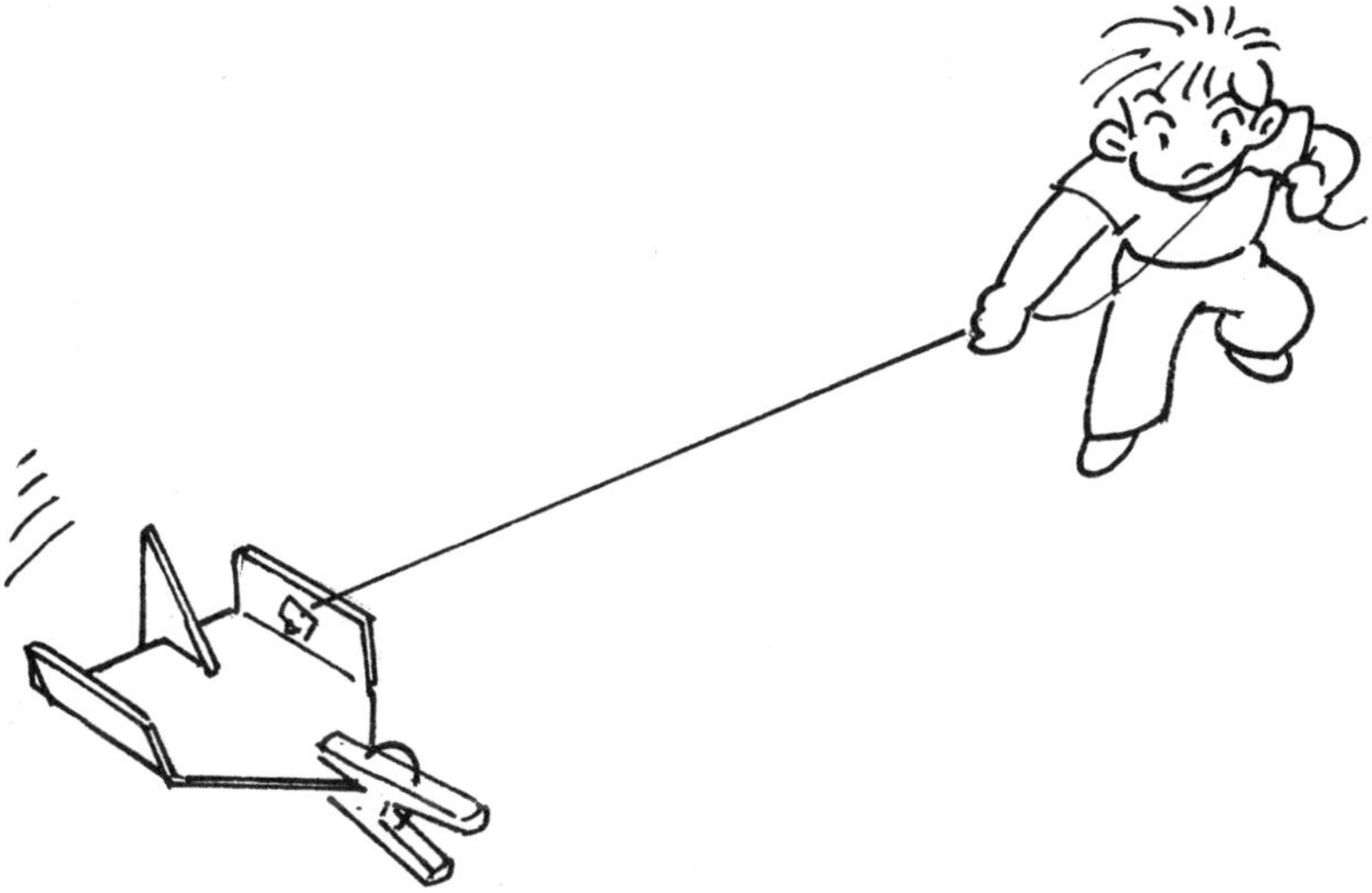

け、前年紹介したグライダーにつけたインスタントプロペラを改良して、ストローを使ったプロペラを紹介した。前年の糸をつけただけのインスタントプロペラは、回り過ぎてすぐにだんご状態になってしまうが、ストローを使うといつまでも回り続ける。「もっと懲りたい人は、どうぞ」というと、やはりチャレンジするお父さんが何人もでてきた。

ボクは研究をしているわけじゃないから、作ったおもちゃで応用したり、発展させたりといろいろ遊ぶことにしているが、このときからその意識はさらに強くなった。だから教えるときも、子どもたちが工夫したり応用できるようにと、ヒントをだすようにしている。

市川市の小学校に行ったときのことだ。

一年生と二年生におもちゃづくりの講習をすることになった。最初に待っていたのは一年生が四、五十人。一つでも多く教えたいボクだが、相手は一年生。絞りに絞って数を少なくし、かんたんなものにしたが、一年生にわかるように話すのはむずかしかった。身振り手振りをつけてもなかなか伝わらない。そうこうするうちにあちこちから「こっちにきてー」と呼ばれ、へとへとになった。先生たちがイライラしたり、子どもを待たせる気持ちがよくわかった。先生たちにも協力してもらったが、トレーのグライダーは作れなかった。

そのあとすぐに二年生の授業がはじまった。一年生と同じものをやるつもりだったが、機材を用意してあったので、トレーグライダーを作ることにした。そのときボクが「これは、一年生には教えていませーん」と何気なくいった一言が得をした気分にさせたのだろうか、二年生は鼻高々で作り出したのだ。

その後、三年生・四年生・五年生の講師をもやることになり、気がつくと子どもたちの帰る時間になっていた。窓の外を見ると、グランドにはランドセルを放り投げてトレーのグライダーで遊んでいる二年生の姿があった。

ボクにとっては時間がなくてできなかっただけのことだが、二年生には「一年生には教えていない」といわれたことがうれしかったのだろう、得意そうにいつまでも遊んでいた姿が、いまも忘れられない。怪我の功名ということだろう。

第3章

遊びこそ

子どもの生きるエネルギー源

一人ひとりのペース

近ごろの子どもたちを見ていると、「はやく、はやく」とせかされて死に急ぎをしているように思えてしかたがない。たしかに早く走れば早くゴールにつくのだが……。

この夏、ある出版社主催の実技講習会にいくため、飛行機や新幹線で神戸や福岡に行った。会が終わって帰りの新幹線の車窓を見ていて、ふと思ったことがある。「同じ時間なのに見ているものの量がこんなにちがうのか」と。

いつも自転車や自分の足で動き回っているボクの行動範囲はたしかに狭い。でも、途中ですれ違う人と話をしたり、おもしろいものを見つけて立ち止まったりすることは、新幹線や飛行機で移動しているときにはできないだろう。

娘が保育園に通っていたころのことだが、雨の中を歩いて買い物に出かけたことがあった。いつも保育園の送り迎えは自転車だったから娘は歩けることが楽しかったのだろう、カタツムリを見つけたり、水たまりの海を横切ったりしながら駅の近くまでいった。そのときボクたちは、小さな床屋の店先に水槽を見つけた。中をのぞくと、カメの背中の上にのったザリガニがまさに産卵しているところだった。

ボクたちは大雨のなかにもかかわらず、いつまでも水槽をのぞき込んでいた。

ボクの著書に『一人でもやるぞ！と旅に出た』（草炎社）という創作の児童文学がある。大山登山をする少年と父親の心の交流を描いた作品だが、じつはこれを書くのに先立って、小学校一年生の娘たちと同じコースを登ったことがある。

大山は中国地方の最高峰の山である。暗いうちから歩きはじめて、途中何度も休み、何人もの人に追い越されながら、ボクたちは娘のペースに合わせ、一歩一歩たしかめるように登っていった。ようやく到達した頂上では念願のご来光を仰ぎ見ることもでき、大満足の登山だった。これがケーブルカーやロープウエーのある山だったら、この感動を味わうことができなかっただろう。

怠け者のボクにはどっちがいいかなんてかんたんにはいえないが、一歩一歩自分の足で登りきった娘は、きっといろんな「力」を身につけたと思う。

いまボクにいえることは、自分のペースで歩いてほしい、ということだ。

おもいっきり遊ぶ

もう十年ほど前のことになるが、雑誌の取材で一年間、子どもたちの遊んでいる場所をさがしまわったことがある。

ボクは、「子どもたちの遊んでいる場所など、町のどこにでもある」と思っていた。ところが、どこへいっても消えたように子どもの姿が見えない。子どもの遊んでいない町は寒寒しく感じ、悪戦苦闘した一年間だった。

子どもたちの姿を求めて、学校や児童館、学童保育所などにもいったし、町のなかで遊んでいるという子どもたちには、前もって遊ぶ日を聞いてから取材にいく、というありさまだった。一年間の連載はどうにか終わったが、町角から消えてしまった子どもたちは、いったいどこにいってしまったのだろう。塾に追いやられているのだろうか。それとも暗い部屋で、一人ファミコンと向かいあっているのだろうか。どちらにしても、むかしの子どものボクにはわからない時間の過ごし方だ。

ボクは、よく児童館などへおもちゃづくりなどの講師でいくことがある。むかし、草加市の児童館にいったとき、メンコ大会のポスターを見つけ、ルールを聞いてみると、

「階段に半分ほどせり出すようにメンコをおき、誰がやってもすぐにひっくりかえるようにしておかないと、子どもたちがやりたがらないんですよ」

という職員の話にびっくりしたことがある。むかしはよりむずかしいものにチャレンジしていたように思う。むずかしければむずかしいほど、できたときの満足感は大きかったのだが……。

二十年ほど前、柏市に引っ越したばかりの夏休みのこと。ラジオ体操のあと、おにぎりを持って近所の子どもたちと運動公園にいったことがあった。そのとき、公園のすみのベンチに集まっておしゃべりしている子どもたちに、「せっかく広いところにきたんだから、広いところで遊べば」といったら、決まっているようにいつもの返事がかえってきた。

「何して?」

「野球でもやれば」

「ボールがないもん」

「バットは?」

そのころのボクはそんな子どもたちにうんざりしていたが、近所の子どもだし、怒るわけに

もいかず、おにぎりを包んでいたアルミホイルを丸めてボールを作り、木の枝にひもで網をはってラケットのようなバットを作ってやった。すると、子どもたちはなんとその道具で、昼近くまで野球をやり続けたのだ。ボクはこのとき、「いまの子どもたちも遊ぶことが大好きなんだ。ただ遊ぶことを知らないだけなんだ」と確信した。

それからというもの、ボクの家は前にもまして子どもたちのたまり場になった。幼児から中学生くらいまでの子たちが集まり、お菓子を食べたりおしゃべりをして時間を過ごすようになった。ボクが男の子たちとバドミントンやキャッチボールをはじめると、いつのころからか女の子や幼児たちも混じって試合をするようになっていた。

女の子や幼児が入ると、やさしく投げたりハンデをつけるなど、自分たちでルールを作って遊ぶようになった。しかし、夢中になるとそこは勝負の世界。勝った負けたのケンカが多くなったが、子どもたちのようすは以前とは明らかに違ってきた。仲間意識を持つようになったのだろう、どんなにケンカをしても、新しい遊びがはじまるとすぐに仲良くなった。そう、ボクが子どもだったころのように……。

ボクはいま、とくに「遊ぶ」ことがたいせつだと考えている。ボク自身が遊ぶことをとおしていろんなことを学んできたからだ。動物の赤ちゃんは、きょうだいで追いかけ合って遊ぶうちに狩りを学び、生きる術を身につける。子どもたちもぶつかり合うことで、知らず知らずの

うちに社会のルールや人間関係のつくり方までも会得していくように思える。

いまでも「いじめ」を苦にして自殺する子どもがあとをたたないが、そんなとき、ボクの胸は痛くなる。

「彼らは、一度でも夢中になって遊んだことがあったのだろうか……」。

「彼らにも、どこかに自分の居場所があったろうに……」と。

このことはいじめていた子どもたちにもいえることだ。いっしょに遊んだ仲間なら、自らの手で遊び友だちを死に追いやる前に気づくはずだと思う。だから、ボクは子どもたちにいっぱい遊んでほしいと願っている。そのために、これからも「ガキ大将」になって、子どもたちに遊びを教えていきたいと思っている。

お母さんになったつもり

森山京さんの『おかあさんになったつもり』（フレーベル館）は、タイトルの好きな本だ。このタイトルだけでいろんなことを想像させてくれる。留守番の子うさぎが、お母さんになったつもりで家事をする話だが、子どもたちは、自分自身に置き換えて楽しんでいることだろう。

保育園や幼稚園にお邪魔したとき、廊下やテラスで「ままごと」をして遊んでいる子どもたちを見かけることがある。女の子はお母さんになって食事の支度をしたり掃除をしたり忙しそうにしているが、お父さん役の子は、たいてい横になって新聞か本を読んでいる。といって、男の子がお父さん役じゃない。ほとんどの場合は子ども役で、注意ばかりされている。もしかしたら、いつもお母さんに口うるさくいわれている自分の姿なのかもしれない。

ボクの母の好きなテレビ番組に『はじめてのおつかい』というのがある。正月の特別番組だったと思うが、早めに食事の片づけをすませ、テレビの前に座って番組がはじまるのを待っていた母の姿が忘れられない。番組は、幼児がお母さんに頼まれておつかいにいく姿を、隠しカメラで追いかけるというもので、子どもたちの思わぬ行動に母は腹を抱えて笑い転げて、いつも父に文句をいわれていた。

ボクたちも母につられて見ていると、姉妹や兄弟でおつかいにいく子どもたちは、いつもお父さんやお母さんがするようにして、上の子が下の子の面倒をみている。きっと「お母さんになったつもり」「お父さんになったつもり」「先生になったつもり」なのだと思う。

お母さんたちは「子どもたちは何もわからないだろう、何も知らないだろう」と思っているのではないだろうか。いやいやとんでもない。子どもたちは、大人のことをほんとうによく見ている。保育園や幼稚園におじゃますると、「なんでも教えてくれるんですよ」と、先生たちがナイショでいろいろ教えてくれる。夫婦ゲンカや秘密の話にはくれぐれもご注意を……。

ある保育園で、髪の長い先生に憧れる女の子たちが、二枚のタオルを頭の横におさげのようにつけ先生ごっこをしていた、と聞いたことがある。子どもたちは、いろんなことで大人に憧れる。それは魅力があるからではないだろうか。

料理がじょうずでもいい、木登りやコマ回しがじょうずでもいい、優しくてもいい。私たちは、子どもが憧れるようなそんな大人になりたいものだと思う。

豊かな発想を育てる

ずいぶん前のことになるが、柏市近隣のセンターで「夏休みの木工教室」をやったことがある。

主催者のねらいは、「夏休みの宿題になるようなものを作らせてほしい」であったと思うが、ボクは「大工さんに端切れをもらってきて、自由に作らせよう」ということにした。なぜなら、貯金箱やブックスタンドを作るためには頭の中で図面を作らなければならない。でもボクは、失敗してもいいからまずは作ることを楽しんでほしかったから。

大工さんから、少し泥のついている丸太（杭にでも使ったものだろう）をもらい、五寸クギを打ち込むことからはじめた。クギなど打ったことのない子どもたちは、恐る恐る打っていた。恐る恐る打ってうまく打ち込めるはずがない。ころあいを見て、ボクがガンガンと打ち込んで見せると、「すごーい！」の喚声が上がった。ボクはそれだけで子どもたちに尊敬されてしまった。

尊敬するボクのいうことは何でも聞いてくれるようになったとはいえ、「何を作ってもいいよ」ということばには、子どもたちは困っていたようだ。そこで一人ひとりと向かい合って、ヒントを出したり友だちのものを見てくるようにすすめたりして、いっしょに考えることにした。一時間ほどすると、誰もが何かを作りはじめたのだ。

一人ができ上がると、二人目、三人目と、どんどんでき上がりはじめた。

二つ目、三つ目を作る子もいたし、自分の身長よりも大きな本箱や、両手でやっと抱えられるような大きな椅子を作る子もでてきた。ボクがやったことは、彼らの作品がこわれないように添え木をしたり、クギをガンガン打ちつけて協力をしただけだ。

「できた」というときの子どもたちの顔は、どれも得意そうに光り輝いていた。

大きなものを作った子に、「ねえ、どうやって持って帰るの？」と耳打ちをすると、はじめて気がついたようでびっくりしていた。それほど夢中でやってくれたことがうれしくて、ボクは子どもに自宅の電話番号を聞き、お母さんやお父さんに取りにきてもらった。誇らしげに作ったものを持って帰る子どもたちを見ていると、ボクまで誇らしくなってきた。

そのなかで、最後まで熱心にクギを打っていた小学生のO君がいた。

その日は午前と午後に続けてやったのだが、午前中だけで終わった子もいたし、お弁当を持ってきた子も、お昼を食べに帰った子もいた。O君はお弁当を持ってこなかったが、食べに帰る気配もなくクギを打ちつけていた。お母さんが迎えにきたけど帰らない。結局近くでパンを買ってきてもらい、昼を済ませたようだった。

そして彼は、とうとう最後までクギを打ち続け、木と木をつないで、何だかわからないけど不思議なものを作った。夕方、再び迎えにきたお母さんは、「一日いて、クギを打って遊んでいるだけなんだから……」と困惑していた。

でもボクは、彼が楽しそうにクギを打っている姿を一日中見ていた。なんとも幸せそうだった。

先生たちは「最近の子どもたちは集中しなくなった」とよく言われる。そして集中しても十五分ぐらいだとも。しかし、「楽しいことややりたいことがあると、子どもはいつまでも集中している」ということを、この日、ボクはO君の姿から学んだ。

ほめる

ボクの著書に『わすれんぼのぽう』（草土文化）という絵本がある。うさぎのぽうは、自分の誕生日までわすれてしまうわすれんぼ。あわてて友だちを呼びにいくのだが、誰もいない。がっかりして、しょんぼりうちに帰っていくと……。

杉並区の少年団「青空読書教室」でこの本の読書会をしたあと、「主人公のぽうみたいに、忘れものをしたときのことを書いて」と、インスタントの絵本づくりをしたことがある。

いろんな忘れものがあった。

ボクも一年生のとき、クレヨンをわすれてうちまで取りに帰ったことを書いた。なにしろ遊びながら帰ったものだから、学校に戻ってくるとみんなが帰えるところで……というものだ。

このときボクは、おもちゃづくりもやった。

折り紙で「かんたんタングラム」を作って、みんなで競争したとき、いつもじっとしてないで、手伝ってくれるお母さんたちの手をわずらわせていた子が、中学生もいるなかで一番早くできたのだ。

　そこでボクは、彼を助手に任命して、パズルのできた子は彼に見てもらうようにした。すると彼は一生懸命に任務を果たしてくれた。あとでお母さんたちに聞いた話だが、「あの日、きっとさわぎだすから、参加させないようにしようか」と考えていたそうだ。だからこのときの彼の姿を見たお母さんたちはびっくりして喜んでくれた。が、ボクは特別扱いをしたつもりはない。だって彼のことを知らなかったのだから。

　そのあとも何年間か「青空読書教室」にいったが、いつも彼は一時間以上も前にきてボクを待っていてくれた。おもちゃなどを子どもといっしょに作ってみると、ほめることはたくさんある。というより、それ以上に驚かされることがたくさんあると思う。


　また、夏休みに子どもの「手づくり絵本教室」をやっていたとき、子どもから相談を受けたことがある。一人の女の子がボクの側にきて、「校長先生が、いい本だからほしいっていうけど、どうしよう?」と聞いてきた。ボクが「君はもう作り方を覚えたんだから、あげたら」というと、彼女は「そうか、また作ればいいか」といって帰っていった。一週間して会ったとき、「やっぱり、貸してあげるだけにした」と報告にきてくれた。

　自分が作った絵本への思いと校長先生の気持ちのあいだで、彼女は一生懸命考えたのだろう。

ボクがいったように、もう一つ作ったかもしれない。お父さんやお母さんに相談したかもしれない。考えに考えた末に彼女なりの答え、「貸してあげる」を導きだしたのだろう。ボクは、答えはどうであれ思い悩んだ経験は、彼女の人生のなかにおいてもすばらしい時間だったと思っている。

だからボクはうれしかった。校長先生が、ほんとうにほしいといってくれたことが……。

おわりにかえて

ボクは子どものころ、暗くなるまでよく外で遊んだ。小学校までは四キロほどあったから、学校の帰りに遊びに夢中になり、気がつくとあたりは薄暗くなっていて、父に迎えにきてもらったことや叔母の家に泊めてもらったことが何度もある。どうも遊びに夢中になると時間がわからなくなるようだ。

といって、いまの子どものように腕時計や携帯電話を持っていないから、遊べなくなるほど暗くなってやっと気がつくのだ。だから「晩ご飯までには帰っておいで」といっていた祖母や母のことばが、いまも耳に残っている。

また学校の行き帰りには、当時ラジオや映画で人気だった『少年探偵団』の気分で、通りすがりの見知らぬ人を「怪しい人」と決めつけ、どこまでもあとをつけていき、ついには山越えして家に帰ったこともある。あけびや栗拾いに夢中になったこともあったし、走ってくる工事のトラックに飛び乗って帰ったこともあった。いま思うと、危ないことばかりのように思えるが、そこから学んだことはじつに多い。

とはいえ、いまの子どもたちにボクのような経験をさせることはできない。それどころか、人を疑うことから教えなくてはいけない時代になったようだ。こんな時代だからこそ、子どもたちにはたくさん遊んでほしい、と思っている。私たち大人が指導や命令で遊ばせるのではなく、遊びたくなる気持ちを子どもの心に育ててほしいし、育てたいと思っている。

それには手づくり絵本やおもちゃを作って、まずは遊んでみてほしい。きっと子どもたちは夢中になっていろんな力を発揮して、私たち大人を驚かせてくれることだろう。

そしてもっともっと遊びたくなった人は、ぜひボクの遊びの入門書を読んでみてほしい。たちまちむかしの「ガキ大将」になれるはず。本書がそのきっかけになったら……と考えるだけでボクはワクワクしてくる。

二〇〇三年十月十四日

木村　研

木村　研（きむら　けん）
児童文学作家、手づくりおもちゃ研究家、日本児童文学者協会会員、あめんぼ同人

＊本書で紹介した「手づくり絵本・おもちゃ」の作り方、遊び方を詳しく知りたい方は、拙者の以下の本を参照ください。
『手づくりおもちゃ＆遊びワンダーランド』『アイデア＆プレゼントカードワンダーランド』『かんたん手づくりおもちゃチャイルドランド』『まるごと牛乳パック　リサイクル工作ランド』（以上、いかだ社）、『いいものみつけた！　５分間おもちゃワールド』①紙があったら、②トレーがあったら、③ヨーグルトカップがあったら（以上、桐書房）
＊その他主な著書
『準備いらずのクイック教室あそび』『準備いらずのクイック外あそび』『教室でできるクイック５分間工作』（以上、いかだ社）、『だいちゃんとてるてるじいさん』（チャイルド社）、『９９９ひききょうだいのおひっこし』（ひさかたチャイルド）、『おしっこでるでる大さくせん！』『おねしょがなおるおまじない！』（以上、草炎社）、『おしゃれなバロロン』（佼成出版）

装幀／山田　道弘
イラスト／木村　研

撮影協力：羽村市・さかえ幼稚園　写真／川内　松男

遊ばせ上手は子育て上手
—親子で楽しむ手づくり絵本・おもちゃのすすめ—

2004年２月20日　初版発行

著　者　木　村　　研
発行者　名古屋　研　一

発行所　㈱ひとなる書房
東京都文京区本郷２－17－13
広和レジデンス101
電　話　03（3811）1372
ＦＡＸ　03（3811）1383

印刷／モリモト印刷株式会社

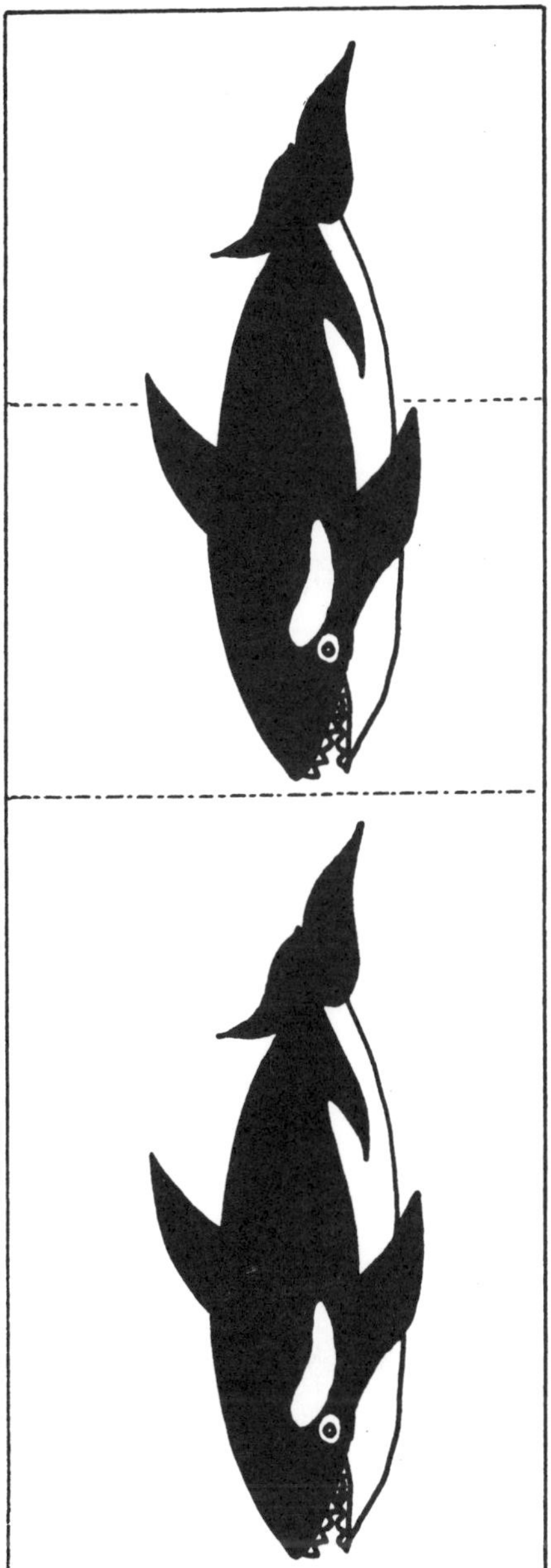

山折り

谷折り

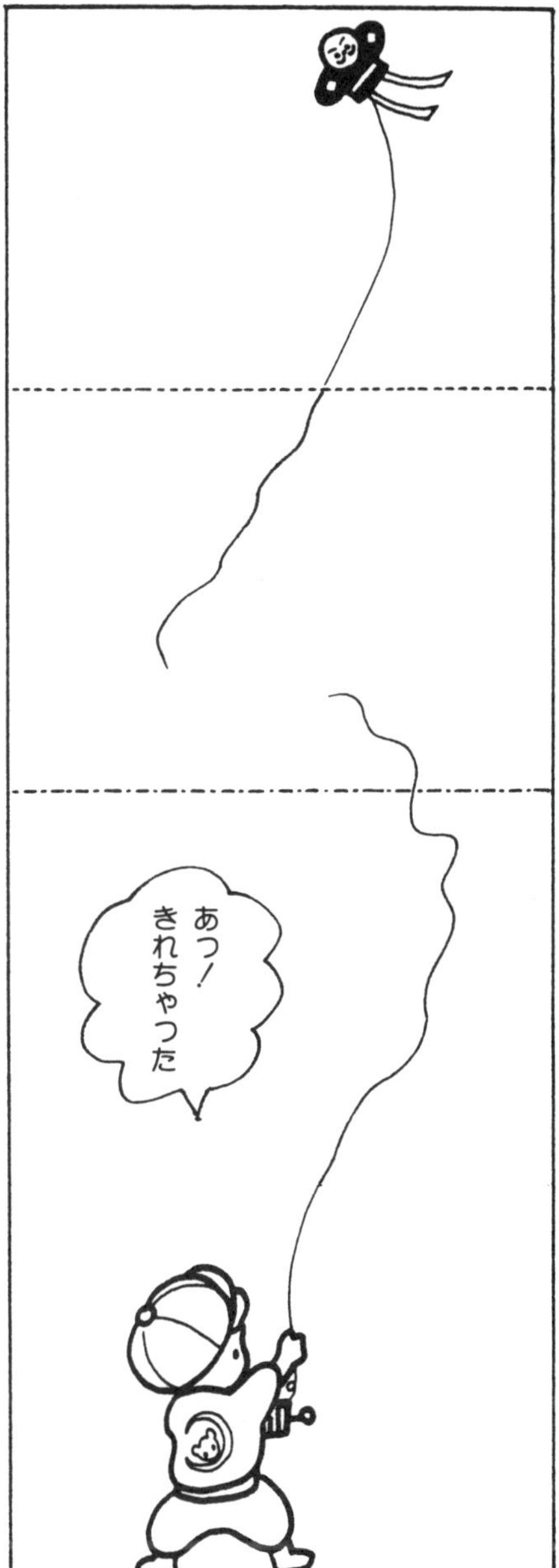

のびる絵本 (折りたたんで、両端を引っぱる)

「新幹線が…」「出てきたー!」

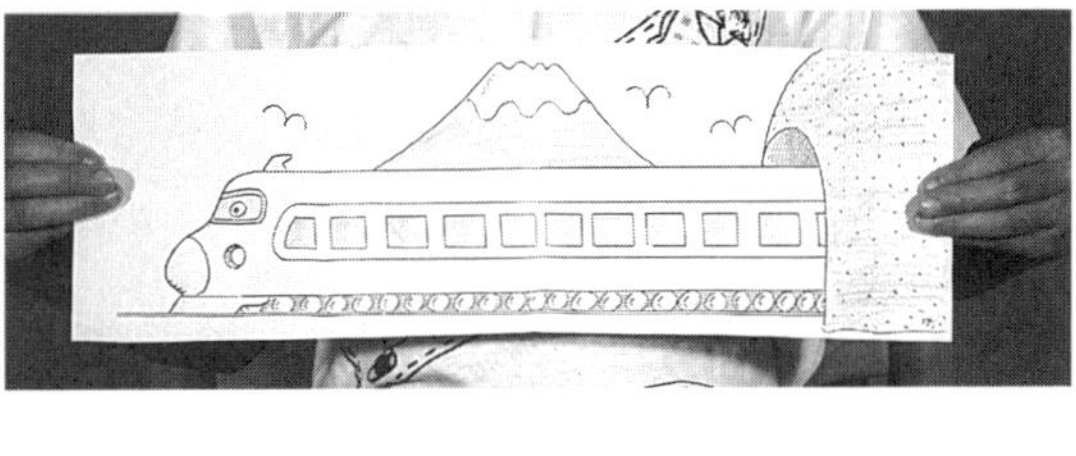

くるくる絵本

〈実用新案登録第2019355号〉

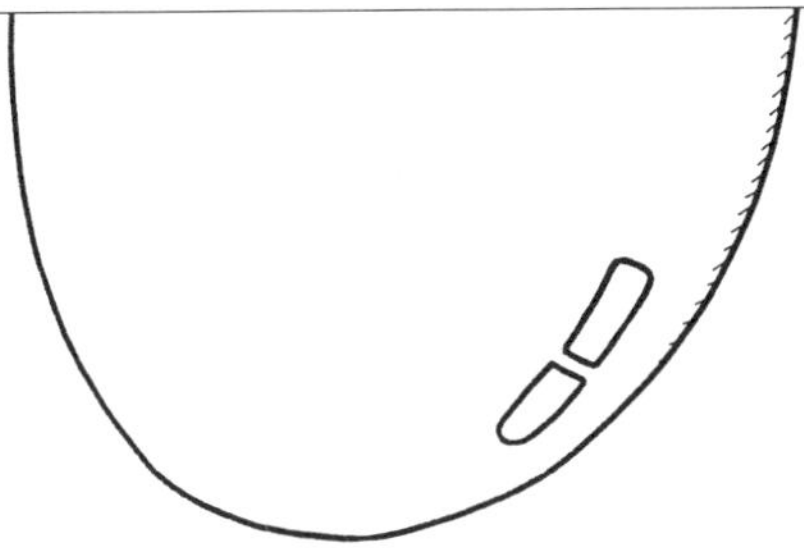

折り線

折り線

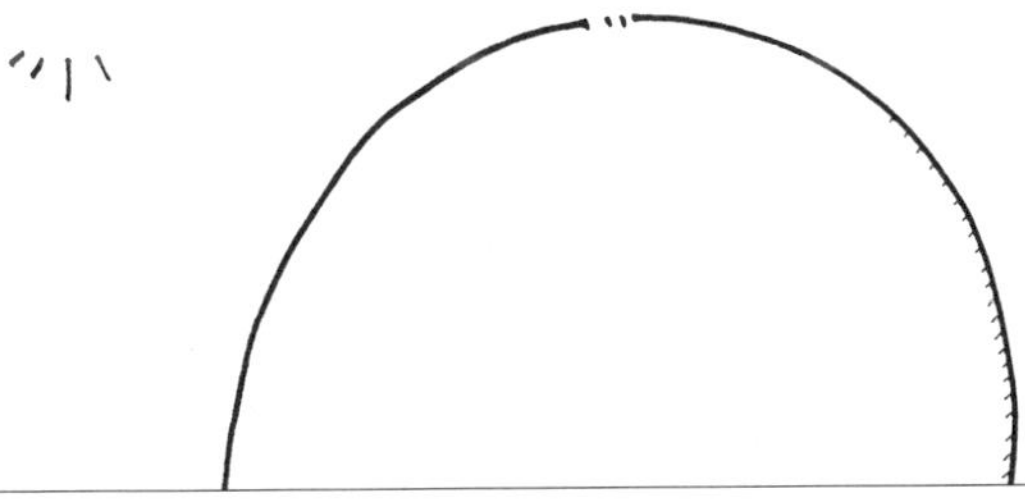

↑外枠で切り取って下さい。
遊び方は、本書カバーの袖を参照して下さい。

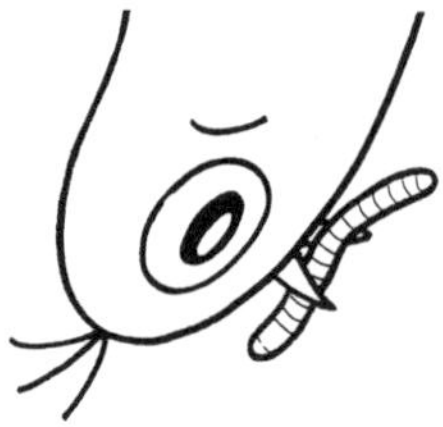

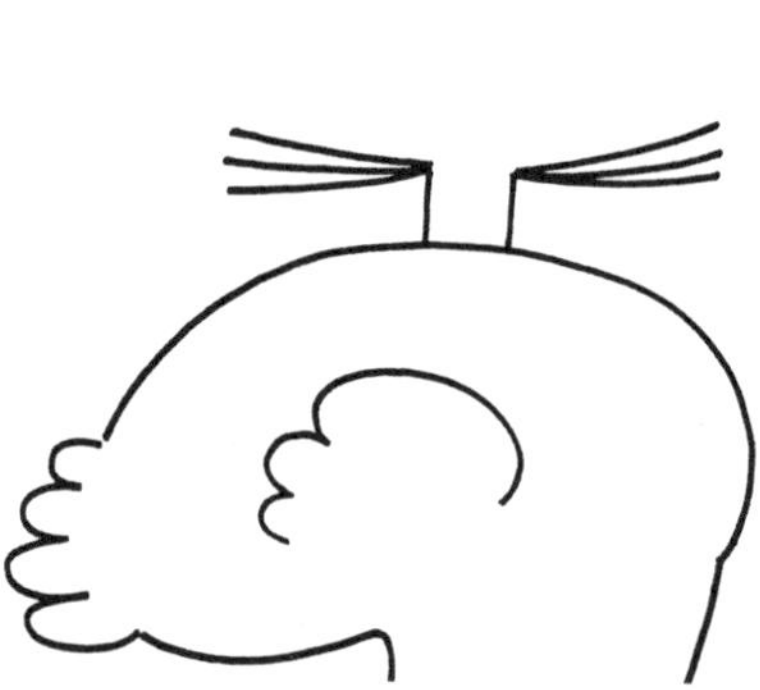